UN-PATHO-LOGISCHES

UN-PATHO-LOGISCHES
Krimi-Kurzgeschichten
1. Auflage August 2011
ISBN 978-3-941026-24-7 • 13,90 €

Postfach 10 11 31 • 47711 Krefeld
www.Buchverlag-Krefeld.de
Titelbildgestaltung: Grafik & Design • Heike Ebelt • Mexiko (Stadt)

Herausgeber:
Sigrid Kirvel
Harald Herrmann

UN-PATHO-LOGISCHES

Es ist nicht alles Mord, was fesselt
DIESE Krimi-Kurzgeschichten schon!

Inhalt

Der Detektiv	Seite 9
Asche zu Asche	Seite 13
Voyeur	Seite 19
Echsenhaut	Seite 23
Misstrauen	Seite 29
Letzte Spuren	Seite 35
Der Apfel fällt nicht weit vom Schrank	Seite 39
Liebeskummer lohnt sich	Seite 43
Schreibtischtäter	Seite 49
Auch Reinlichkeit kann töten	Seite 55
Kaviar mit Piccolo	Seite 61
Hey, ab in den Süden	Seite 67
Quid pro quo	Seite 73
Der Kunstraub	Seite 77
Der tote Angler	Seite 81
Wo bitte geht's zum Geld?	Seite 85
Eier im Glas	Seite 91
Rache	Seite 93
Fabers Tod	Seite 99
Die Suppenköchin	Seite 103
Der Anwalt	Seite 109
Detektiv Marlock ermittelt	Seite 111
Phasenprüfung	Seite 119
Koks	Seite 123
Fingerzeig	Seite 127
Erkerdasein	Seite 131
Unstimmigkeiten	Seite 137
Hexentricks	Seite 141
Opferlämmer	Seite 147

Der Detektiv

Ich schaute gebannt auf den Monitor. Da war sie wieder: Genau wie beim letzten Mal stand sie in dem Gang mit den Kosmetikartikeln, probierte Lippenstifte auf dem Handrücken, sprühte sich mit Parfüm ein, drehte die Schachteln hin und her, als suche sie nach dem Preis. Dabei stand der groß und breit auf den Regalschienen, direkt unter den Artikeln, auf goldumrandeten Kärtchen!

Sie trug einen langen Mantel, hohe Stiefel, das Haar zu einem Pferdeschwanz gebunden. Rot war es, da war ich mir sicher, garantiert keine einzige graue Strähne. Aber auf dem blau schimmernden Bildschirm war das nicht zu erkennen.

Da – jetzt steckte sie die Hand in ihre Manteltasche! Aber hatte sie etwas mitgehen lassen? Das konnte ich nicht sehen, wollte es auch nicht glauben. Auf keinen Fall diese Frau. Nicht Maria!

Marie-Claire nannte sie sich früher, an der Schule. Nur wenige Meter hatte sie von mir entfernt gesessen. Ich himmelte sie an, dachte mir Liebesgedichte aus, nur für sie. Ich war nicht der Einzige, der um sie buhlte. Marie-Claire – diesen Namen, dieses Gesicht habe ich nie vergessen. Wie auch? War es doch eine Zeit lang auf jedem Titelblatt zu sehen, in jeder Klatschspalte zu finden. Da hieß sie auf einmal Maria, das klang wohl edler. Maria, die Gattin des Vizepräsidenten von Globalpharma: lächelnd an seinem Arm, bei einem Empfang, in der Oper, auf einem Benefizball …

Wie habe ich den Mann beneidet! Der das bekam, was mir verwehrt blieb.

Nicht einmal einen Milchshake wollte sie damals mit mir trinken gehen. Als ich mit stockender Stimme meine Einladung vorgebracht hatte, hatte sie mich mit blitzenden Augen angesehen, die roten Haare zurückgeworfen und gemeint:

„Später vielleicht, Heinz, wenn etwas aus dir geworden ist. Später, ganz bestimmt.“

Später – es gab kein Später! Marie-Claire verließ vorzeitig die Schule, zog mit ihren Eltern in eine andere Stadt. Ich sah sie nie wieder. Nun ja, bis auf die Fotos in den Zeitungsartikeln, einige Jahre darauf. Das zukünftige Traumpaar hatte es eilig mit der Hochzeit. Ihre Ehe galt lange als mustergültig, hielt trotzdem nicht. Die Scheidung wurde erstaunlich zurückhaltend von den Medien behandelt, es gab keine Schlammschlacht. Was sie seitdem machte, entzog sich meiner Kenntnis.

Doch nun stand der Schwarm meiner Jugend in diesem Edelsupermarkt und klaute Kosmetik! So sah es jedenfalls aus. Ich kannte meine Pappenheimer, hatte eine respektable Fangquote. Einen potentiellen Ladendieb roch ich auf zehn Meter Entfernung, ich bekam sie alle!

Seit zwanzig Jahren machte ich den Job. Nicht sonderlich gut bezahlt und Aufstiegsmöglichkeiten gab es auch keine, aber für ein solides Einkommen reichte es. Meine Wunschkarriere bei der Kripo blieb ein Traum. Die Bewerbungen kamen regelmäßig zurück, angeblich war ich geistig nicht flexibel genug, zu klein und zu dick. Irgendwann gab ich auf, fing bei „Fuchs & Partner“ an und versuchte, in diesem Beruf mein Bestes zu geben. Oft bis zu zwölf Stunden täglich. Voriges Jahr verließ mich meine Frau mit den Kindern. Sie hatte einen Mann kennengelernt, der mehr Zeit mit ihr verbringen konnte als ich. Die beiden Jungs studierten, ich sah sie nur selten. Mein Liebesleben lag brach, also konzentrierte ich mich noch mehr auf die Arbeit. Zu Hause wartete ja niemand auf mich. In letzter Zeit gab es Gerüchte, dass die Detektei Personal abbauen wollte. Mich würde das nicht betreffen, schließlich gehörte ich zu den alten erfahrenen Hasen. Aber die jüngeren Kollegen taten mir leid: Überstunden ohne Ende, verkorkste Ehen – und am Ende standen sie auf der Straße.

Ich verließ das kleine Büro, holte mir einen Einkaufskorb und spielte Kunde. Sie befand sich noch immer im selben Gang, schaute sich verstohlen um und versenkte schon wieder ihre Hand in der tiefen Manteltasche. Unsere Blicke streiften sich, nur kurz. Kein Erkennen flackerte in ihren Augen. Ich wandte mich dennoch schnell ab und kramte ein Duschbad aus dem Regal. Dann bewegte ich mich langsam in ihre Richtung. Sie war nicht groß, selbst mit den hohen Stiefeln mindestens zwei Zentimeter kleiner als ich, und dieses Haar – tiefrot.

Marie-Claire…

Ich ließ den Klang innerlich auf meiner Zunge schmelzen und sog ihren Duft ein. Christian Dior. Natürlich – einer der teuersten Düfte, den wir in den Regalen stehen hatten! 89,00 €. Aus dem Augenwinkel sah ich eine leere Parfümschachtel, welche überhaupt nicht zwischen die Hautcremes gehörte. Dieses Biest! Sie wirkte unbeeindruckt und sicher, die perfekte Lady. Es knisterte, als mein Arm im Vorbeigehen ihren Mantel streifte. C&A-Baumwolle auf Breuninger-Kaschmir. Ich ging weiter. Ich hätte sie ansprechen, mich zu erkennen geben, sie ins Büro bitten müssen. Das war meine verdammte Pflicht! Aber etwas hielt mich zurück. Ich wollte sie nicht bloßstellen, nicht heute. Noch nicht. Sie würde wiederkommen, da war ich mir sicher. Ich hatte eine Idee.

Sorgfältig beschriftete ich das Blatt:

Liebe Marie-Claire. Komme bitte heute Abend, 20:00 Uhr, in die Cafeteria an den Arcaden. Ich habe Dich beobachtet, aber wir können sicher über alles reden. Du erinnerst Dich vielleicht noch an mich? Ich war der Junge mit der Brille, eine Bankreihe hinter Dir. Herzliche Grüße, Heinz.

Dann faltete ich das Papier, kniff es an den Bruchstellen mit den Nägeln zusammen und klammerte meine Visitenkarte an die obere Kante.

Heinz-Horst Hörmann, Kaufhausermittlungen, Detektei „Fuchs & Partner"

Auf den Umschlag schrieb ich ihren Namen in Druckbuchstaben.

Diesmal würde sie meine Einladung nicht ausschlagen!

Zwei Tage später, zur Mittagszeit, war sie da. Kosmetikabteilung, wo sonst?! Ich schob mich an ihr vorbei und ließ den Brief in ihre Manteltasche gleiten. Wieder dieses Knistern, doch ein anderer Duft: Dolce & Gabbana, 69.99 € im Angebot. Als ich mich umwandte, steckte sie den Flakon gerade ein. Das Glitzern in ihrem Blick galt ganz bestimmt nicht mir. Sie schaute durch mich hindurch, fast schon provokativ.

Ich machte eher Feierabend und saß überpünktlich an einem Tisch, von dem aus ich die Tür gut im Auge hatte, nippte an meinem Lumumba, zerteilte den warmen Apfelstrudel mit der Gabel in mundgerechte Stücke und wartete.

Drei Stunden und sieben Whisky später verließ ich die Cafeteria. Marie-Claire war nicht gekommen. Auf dem Nachhauseweg malte ich mir aus, wie ich die feine Dame an ihrem Kaschmirmantel in mein Büro zerrte und …

Ich wischte die sündigen Gedanken beiseite und ging erschöpft schlafen.

Am nächsten Morgen kam ich zu spät zur Arbeit. Das erste Mal seit vielen Jahren. Auf dem unaufgeräumten Schreibtisch strahlte mir ein weißer Umschlag entgegen. In gestochen scharfen Tintenbuchstaben stand mein Name darauf. Ich erkannte sofort ihre Handschrift, die sich in all den Jahren kaum verändert hatte. Mir wurde siedendheiß. Endlich! Mit fahrigen Fingern riss ich den Brief auf und faltete das Papier auseinander:

Sehr geehrter Herr Hörmann. Ich erwarte Sie heute um 17:00 Uhr in meinem Büro zu einem Personal- Gespräch.

Darunter ihre schwungvolle Unterschrift. Meine Hände zitterten; erst beim zweiten Lesen bemerkte ich die Visitenkarte, die in der oberen linken Ecke angeheftet war: *Maria Schneider-Gohlis, Personalermittlungen und –überwachungen, Detektei „Fuchs & Partner"*

Als das Blatt zu Boden segelte, stieg mir ein schwacher Duft in die Nase:

Jil Sander – 58,59 € Sonderpreis.

Asche zu Asche

© Dimitrios Athanassiou

Am Geräusch, verursacht durch den Wechsel des Straßenbelags von Asphalt zu feinem Schotter, merkte O'Hara, dass er fast am Ziel war. Mehrere Kilometer war er die links wie rechts von dichtem Wald gesäumte Privatstraße hinauf zum Anwesen der McCormicks gefahren. Das Anwesen selbst glich einem neugotischen Kathedralbau. Schlanke Spitzbögen aus dunklem Basalt strebten gen Himmel und in luftiger Höhe hockten dämonisch aussehende Wasserspeier, die den Besucher argwöhnisch musterten. Als hätte der Ort damit nicht schon ein düsteres Flair, ließen die wartenden Streifenwagen und die schwarze Limousine des Bestatters zusätzlich nichts Gutes verheißen. Kaum hatte O'Hara einen Fuß ins Haus gesetzt, eilte ihm schon sein übereifriger junger Assistent entgegen, Damian Szycynsky. O'Hara hatte seine liebe Mühe mit dem Nachnamen des Burschen; eindeutig zu viele "y" für seinen Geschmack, weshalb er ihn stets mit Damian anredete, während Szycynsky Inspektor sagte.
„Guten Morgen, Inspektor. Ein kurioser Fall ist das.“
„Damian, wollen wir nicht erstmal sehen, was die Spurensicherung und der Gerichtsmediziner zu sagen haben?“
Szycynsky verzog das Gesicht wie ein junger Welpe, der darauf wartet, dass sein Herrchen sich entschließt, Fang-das-Stöckchen mit ihm zu spielen.
„Also gut“, stöhnte O'Hara leicht gequält, „was haben wir?“
„Die Überreste eines eingeäscherten Menschen, vermutlich der Liebhaber der McCormick-Witwe. Als der Butler heute Morgen die Tür zur Bibliothek öffnen wollte, war diese von innen verschlossen und leichter Brandgeruch drang heraus. Die Feuerwehr verschaffte sich gewaltsam Zutritt und stellte fest, dass es außer der total verkohlten Leiche keinerlei Anzeichen für ein Feuer gab.“
„Sie sagten, die Tür war von innen verschlossen?“
Szycynsky nickte.
„Und die Fenster?“
„Sind alle intakt. Lassen sich ohnehin nicht öffnen.“
„Seltsam ... Gibt es sonst noch etwas?“
„Im Aschehaufen fand sich ein halb geschmolzener Ring, anhand dessen Mrs. McCormick ihren Freund, Jonas Parker, identifizierte, gleich darauf einen Nervenzusammenbruch erlitt und mit dem Helikopter in eine Klinik gebracht wurde.“
„Wissen wir das sicher – dass es sich dabei um diesen Parker handelt?“

„Mrs. McCormick behauptet, er hätte die Nacht bei ihr verbracht. Als sie morgens erwachte, wäre er verschwunden gewesen, obwohl sich sein Auto immer noch auf dem Gelände befindet. Telefonisch ist er nicht erreichbar und keiner seiner Freunde hat ihn seither gesehen."

„Das muss nichts heißen, Damian. Schauen wir uns also den vermeintlichen Tatort an."

Die Bibliothek war groß genug, dass ein durchschnittliches Zweizimmer-Apartment darin Platz gefunden hätte. Mehr noch als die zahllosen Bücherregale wurde der Raum aber von einem überlebensgroßen Portrait John McCormicks dominiert, das mit strenger Miene jeden ins Visier nahm, der durch die Tür kam. Der überdimensionierte, mannshohe und reich verzierte Kamin, der von zwei stattlichen Marmorsäulen eingerahmt wurde, war ein weiterer Blickfang.

Der kostet vermutlich mehr, als ich im ganzen Jahr verdiene, dachte O'Hara während er eine junge Kollegin der Spurensicherung heranwinkte.

„Haben Sie vielleicht schon ein paar Informationen für uns?", fragte er freundlich.

„Tja", begann sie und baute sich breitbeinig auf, wobei sie gleichzeitig die Arme in die Hüften stemmte. Ein deutliches Zeichen für Revierverhalten und das Signal, nicht zu beharrlich nachzubohren, ging es O'Hara durch den Kopf.

„Es ist ganz schön verzwickt. Wir haben etwas, was wir für die Überreste einer Leiche halten, aber es lässt sich kein Tathergang rekonstruieren. Schauen Sie selbst."

Auf dem Boden unmittelbar vor dem Bildnis lag auf einem Stück verkohlten Teppichs ein Aschehaufen, der die Umrisse eines menschlichen Körpers hatte.

„Wir haben die Asche auf organische Spuren untersucht. Demnach könnte das hier tatsächlich ein Mensch gewesen sein. Allerdings benötigt man, um einen Körper derart einzuäschern, dass nicht einmal mehr Zähne übrig bleiben, mehr Hitze als in einem Krematorium. Abgesehen vom Teppich, ist aber nichts entflammt. Dabei hätte eigentlich die ganze Bibliothek abfackeln müssen."

„Gibt es da nicht diese Fälle von spontaner Selbstentzündung, die dazu führen, dass ein Mensch komplett einäschert?", hakte O'Hara nach.

„Ich bitte Sie, Inspektor! Sie glauben doch solchen Humbug nicht! Abgesehen davon, dass kein einziger wissenschaftlicher Beweis dafür existiert, hätte auf jeden Fall mehr als nur Asche übrig bleiben müssen."

„Gibt es vielleicht DNS-Spuren?", mischte sich Szycynsky in das Gespräch ein.

„Sicher! Jede Menge! Von jedem, der diesen Raum in letzter Zeit betreten hat, aber keine in dem Aschehaufen, wie man sich leicht denken kann.“, erwiderte die Beamtin und bedachte ihn mit einem geringschätzenden Blick.

„Vielen Dank“, sagte O'Hara. „Wir haben Sie schon lange genug von Ihrer Arbeit abgehalten. Den Rest können wir Ihrem Bericht entnehmen.“

Die junge Dame stieß noch einen verächtlich klingenden Laut aus und entfernte sich.

„Hübsche Frau“, sagte Szycynsky. „Ob ich eine Chance bei ihr hätte?“

Na, ganz sicher, dachte O'Hara, schwieg aber.

„Damian, was haben wir eigentlich über die McCormick-Witwe?“

Szycynsky zückte seinen Notizblock.

„Elaine Duvall, ehemaliges Starlett, heiratet mit 25 den fast 80-jährigen Industriellen John McCormick. Nach dessen Tod vor einem Jahr gibt sie sechs Monate die trauernde Witwe und präsentiert sich anschließend mit dem zwölf Jahre jüngeren Jonas Parker. Unserem Vermissten.“

„Ach, richtig. Das ging doch damals durch die Boulevardblätter? Hieß es nicht auch, dass sie schon lange vorher ein Verhältnis mit ihm hatte?“

„Genau, er war ihr ehemaliger Fitnesstrainer und man sagte ihr darüber hinaus nach, sie wäre ihm völlig verfallen. Bei ihrer Heirat mit dem alten McCormick hatte sie vermutlich nicht damit gerechnet, dass der zähe Hund noch gute 15 Jahre durchhält.“

„Na, was soll das denn jetzt? Sind Sie plötzlich unter die Klatschreporter gegangen, Damian!“

„Entschuldigung, Inspektor, aber es liegt nunmal so nahe“, rechtfertigte sich Szycynsky.

„Schon gut. Wissen Sie vielleicht, ob sie die Alleinerbin des McCormick-Vermögens ist?“

„Das ist ein wenig kompliziert: Soweit ich in Erfahrung bringen konnte, befindet sich der Großteil in den Händen einer Stiftung. John McCormick setzte seine Frau, da sonst keine nahen Verwandten existieren, laut seinem Testament aber als Leiterin ein. Es sei denn, sie wäre der Aufgabe aus körperlichen oder geistigen Gründen plötzlich nicht mehr gewachsen. In diesem Falle würde ein Stellvertreter übernehmen, der ebenfalls testamentarisch festgelegt ist, aber erst im Falle eines Falles bekannt gegeben wird.“

„Hm, wer also Zugang zum Geld haben möchte, müsste eigentlich Mrs. Cormick beseitigen und nicht ihren Liebhaber. Sehr merkwürdig ... Was ist eigentlich mit diesem Butler? Wurde der schon vernommen?“

„Charles Dougan heißt er. Ich habe mit ihm gesprochen. Er will die ganze Nacht nichts gehört haben. Er trägt ein Hörgerät, das er zum Schlafengehen immer abnimmt; außerdem hat er überhaupt kein Motiv für einen Mord, wenn es denn einer war."

O'Hara und hielt einige Sekunden inne. „Wissen Sie, was ich verdammt seltsam finde, Damian? Da verbrennt jemand in einem Feuer, das heiß genug war, dass lediglich Asche zurückbleibt, aber ein Ring übersteht das Inferno, ohne vollständig zu schmelzen."

„Ja, sehr seltsam und sehr hilfreich, wenn man jemanden identifizieren muss ...", murmelte Szycynsky halblaut vor sich hin.

„Ich fahr jetzt nach Hause, ich muss nachdenken", sagte O'Hara plötzlich. „Mich beschleicht allmählich das ungute Gefühl, dass dies sich zu solch einem Fall entwickeln könnte, der uns am Ende alle wie komplette Trottel dastehen lässt. Tun Sie mir den Gefallen, Damian und teilen mir heute Abend mit, wie der Zustand von Mrs. McCormick ist und was es sonst noch Neues gibt."

„Alles klar, Inspektor, mache ich."

O'Hara stieg in sein Auto und fuhr davon. Er konnte sich auf das alles keinen Reim machen. Eine Leiche, die eigentlich gar nicht existieren dürfte und ein potenzieller Mord ohne Motiv oder die Spur eines Verdächtigen. Hier lief ganz gehörig etwas schief.

Stunden später als O'Hara es sich gerade mit seinem zweiten Scotch gemütlich machte, klingelte das Telefon.

„Inspektor?", meldete sich Szycynsky.

„Reden Sie schon, Damian! Was gibt es Neues?"

„Mrs. Cormick wurde in eine Privatklinik in die Schweiz geflogen. Dort war sie schon einmal untergebracht. Als ich mich nach ihrem Zustand erkundigte, sagte mir ein gewisser Professor Edward Franco, der Chefarzt der Neurologie, dass es ihr sehr schlecht gehe. Sie reagierte auf ein harmloses Beruhigungsmittel unvorhersehbarer Weise allergisch und sei in einen katatonen Zustand verfallen. Wann und ob sie wieder ansprechbar sein wird, konnte mir dieser Professor aber nicht sagen."

„Das würde bedeuten, dass sie die Stiftung, die das McCormick-Vermögen verwaltet, nicht mehr leiten kann."

„Sehr richtig, und ich habe noch etwas: laut Laborbericht stammt der Aschehaufen zwar mit einer hohen Wahrscheinlichkeit wirklich von einem Menschen, allerdings von einem, der regelrecht keinen einzigen Knochen mehr im Leibe hatte. Es fanden sich so gut wie keine Kalziumrückstände."

O'Hara schwieg.

„Inspektor, sind Sie noch dran?", fragte Szycynsky.

„Damian...?“
„Ja, Inspektor?“
„Glauben Sie vielleicht an Geister?“
Szycynsky zögerte, da er nicht wusste, was er darauf erwidern sollte.
„Ist alles in Ordnung, Inspektor?“, fragte er schließlich leicht besorgt.
„Ja, alles bestens. Vielen Dank für die Informationen. Gute Nacht, Damian.“
O'Hara legte auf. Wir werden wie die letzten Trottel dastehen, dachte er und goss sich einen weiteren Scotch ein.

Zur selben Zeit schwang beinahe lautlos eins der Bücherregale in der Bibliothek des McCormick-Hauses auf. Eine Gestalt betrat den Raum, ging zum Kamin, griff hinein und zog an einem verborgenen Hebel. Eine der Marmorsäulen glitt zur Seite und gab eine schmale, nach unten führende Treppe frei. Die Gestalt schaltete eine Taschenlampe ein und bewegte sich bedächtig die Stufen hinab. Sie führten in einen Teil des Hauses, der Jahrhunderte alt war. Niemand ahnte, dass das McCormick-Haus auf dem Fundament einer alten Burgruine erbaut worden war. In einem kerkerähnlichen Raum kauerte ein Mann beim fahlen Licht einer Öllampe in einer Ecke, eine Hand in einem blutigen Verband gehüllt. Der helle Schein der Taschenlampe ließ ihn aufschrecken.
„Was soll das? Warum halten Sie mich hier gefangen, was habe ich Ihnen denn getan?“, schrie er und rüttelte an der vergitterten Tür.
„Na, nicht so unfreundlich!“, sprach die Gestalt.
„Ich könnte sonst vergessen, Ihnen jeden Tag Essen und Trinken zu bringen.“
„Warum tun Sie das alles überhaupt? Was haben Sie davon?“
„Über 30 Jahre habe ich dem alten Sack den Arsch hinterhergetragen und dann setzt er dieses Flittchen als Verwalterin des Vermögens ein, obwohl er ganz genau weiß, dass sie keinen Penny für etwas Sinnvolles verwenden wird.“
„Aber was hat das alles mit mir zu tun?“, wimmerte der Gefangene.
„Nichts natürlich. Sie sind nur Mittel zum Zweck. Wo eine Leiche ist, braucht es auch jemanden, der verschwindet. Seien Sie froh, dass mir Mr. McCormicks Leichnam zur Verfügung stand, um meinen Plan umzusetzen. In der Familiengruft liegt seit einem Jahr lediglich ein leerer Sarg.“
„Ich verstehe kein Wort von dem, was Sie da sagen. Bitte, lassen Sie mich raus, ich brauche einen Arzt.“
„Wissen Sie, dass es Säuren gibt, die lediglich die Knochensubstanz auflösen?“, fuhr die Gestalt ungerührt in ihrem Monolog fort, als hätte sie das Flehen ihres Opfers gar nicht wahrgenommen.
„Der Körper wird dadurch konserviert wie bei einer Moorleiche. Wenn man

ihn dann einige Wochen in Alkohol einlegt, saugt er diesen auf wie ein Schwamm. Bei der Verbrennung bleibt zuletzt nichts als Asche übrig."

„Was wollen Sie mir denn damit sagen? Haben Sie das mit mir vor, Sie Irrer!", jammerte der Eingekerkerte.

„Aber nein, nichts Dergleichen. Ich bin doch kein Mörder. Sie haben ein viel besseres Schicksal."

„Heißt das, sie lassen mich gehen?"

„Na ja, vielleicht später, junger Mann. Ich bin zwar schon 65, aber mein Arzt meint, ich sei fit wie ein 50-Jähriger. Ein paar gute Jahre habe ich also noch. Wenn Sie sich anständig verhalten, werde ich Sie regelmäßig besuchen und vielleicht bekommen Sie sogar ein kleines Radio."

Woraufhin sich die Gestalt umdrehte und einen völlig verstörten Menschen in seinem nur spärlich erleuchteten Verlies zurückließ.

Einen Monat später stellte Inspektor O'Hara mit einem Kopfschütteln den Ordner eines unaufgeklärten Falles in eins der Regale im Archiv. Zwei weitere Monate später übernahm, nachdem Elaine McCormick von einem Gericht für nicht handlungsfähig erklärt wurde, ein C. Dougan die Leitung der Stiftung, die das auf knapp sechs Milliarden Pfund geschätzte McCormick-Vermögen verwaltete.

Diese Stiftung, deren Zweck es unter anderem war, innovative Ideen und wissenschaftliche Forschung zu fördern, kam zu dem Schluss, dass die Arbeit von Professor Edward Franco auf dem Gebiet der Neurobiochemie zu medizinischen Durchbrüchen führen konnten, die der gesamten Menschheit zugute kommen würden und unterstützte deshalb den Neubau eines Forschungszentrums mit 100 Millionen Pfund.

Dougan ließ noch einige Wochen verstreichen, dann setzte er einen Dankesbrief an seinen alten Studienkollegen Edward auf, mit dem er in Europa vor fast 40 Jahren gemeinsam Chemie studierte, bevor sich Edward der Medizin zuwandte. Ein weiterer Brief mit einen Schlüssel samt Wegbeschreibung zu einem unterirdischen Verlies ging an einen Notar, der diesen, im Falle seines plötzlichen Todes oder einer schweren Krankheit, die ihn bewegungsunfähig machen würde, an die Polizei weiterleiten sollte.

Er war doch schließlich kein Mörder!

Voyeur

© Leonie Lucas

Mehr als hundert Frauen waren schon vor Fabians Augen gestorben. Immer leidvoll, meistens gewaltsam, immer in der Blüte ihrer Jahre. Und manchmal, manchmal so wie Lucy damals – war es nicht Glasgow gewesen? – waren sie es, die mordeten. Und immer war verschmähte Liebe im Spiel, egal in welchem Land, egal in welcher Kultur.

Denn wirklich überall auf der Welt schon – einmal sogar im fernen, exotischen Kairo – hat er den unterschiedlichsten Todesarten, Morden, beiwohnen dürfen. Hat alle Tode mit dem Fernglas beobachtet, immer unentdeckt von ihnen, ihren Mördern oder den anderen in ihrer Umgebung. Die ergreifendsten Tode und Frauen hat er in seinem Herzen verschlossen, dort hält er die Erinnerung an sie fest, wie einen wertvollen Schatz, den er erweitert, wann immer sich ihm die Möglichkeit dazu bietet.

Und welch großartigen Schatz von erlebten Toden er schon jetzt sein Eigen nennt, macht ihn immer wieder stolz: Floria, die sich in ihrer Verzweiflung von einem hohen Gebäude stürzte. Violet, die erst in Luxus lebte, um dann nur aus der Ferne beobachtet, ganz einsam und verlassen dahinscheidet, im Alter von nur knapp 20 Jahren. Mona, die im Schlafzimmer erwürgt wurde, oder auch A' Dee `Me, die sogar ihre Kinder mit in den Tod nahm! Drama pur! Und das Beste ist, dass er immer unbeteiligt und vor allem unbehelligt bleibt.

Aber da ist ja noch Sonja, seine Freundin.

„Du kommst noch mal in Teufelsküche, wenn du so weitermachst, Fabian."

Sie sieht schon seit langem rot – oder schwarz? Ob sie recht behält? Egal, es passt ihr nicht, das weiß Fabian sicher. Eigentlich ist sie eine tolle Frau, hat kurzes schwarzes Haar, arbeitet in einem Bücherantiquariat, unten an der U-Bahn Haltestelle Stephansplatz, in dem kleinen Pavillon mit seinen großen Fenstern in dem immer muffig reichenden Verkaufsraum. Sie kleidet sich meist schick, so wie heute. Sie trägt ein dunkles Kostüm und ein trägerloses Seidentop – burgunderrot.

Ja, sie ist eine schöne Frau, nur ein bisschen langweilig und zu gradlinig, zu vorschriftentreu – falsch herausgegebenes Wechselgeld behalten? Unmöglich!

Ware, die jemand anders im Einkaufskorb vergessen hat, einfach mitnehmen – niemals! Oder gar ein gefundenes Portemonnaie, in dem nichts als Geld ist, nicht abgeben – das gehört sich nun wirklich nicht!

Ihre Beziehung ist nicht schlecht, aber manchmal fehlt Fabian eben der gewisse Kick – den holt er sich dann bei seinen anderen Frauen – mit seinem Fernglas. Manchmal sind es auch Männer, die ihm aufregende Momente aus der Ferne bescheren. Aber Frauen sterben – oder morden – meistens einfach hingebungsvoller, dramatischer, nehmen schwerer Abschied vom Leben. Aber wirklich eifersüchtig sein, nein, das muss Sonja doch nun wirklich nicht auf sein „Hobby".

„Irgendwie erinnerst du mich ja an James Stewart in „Fenster zum Hof", wie du hier so die Weiber beim Sterben beobachtest. Nur, dass du dafür auch noch zum Verbrecher wirst ..."

Verbrechen hin oder her, es lohnt sich besonders heute. Gerade in diesem Moment wird es da unten so richtig spannend. Dieser Kerl bedrängt Agnes, er schreit sie an, packt sie am zarten, mit Silberreifen behängtem Handgelenk.

Was für eine Frau! Fabian ist wieder einmal vollkommen hingerissen als er Agnes durch sein Fernglas beobachtet: lange, lockige, dunkle Haare, ein klassisch griechisches Profil und Augen strahlend wie der hellste Stern des Universums. Der Typ da bei ihr ist dieser Roberto, dieser Latinoverschnitt. Ach egal! Fabian hat sowieso nur Augen für Agnes, ihre Qualen, ihre Wut.

Der Platz, auf dem alles stattfindet, ist leer, an Wänden von verkommenen Häusern kleben halb abgerissene Werbeplakate, aus Fenstern, mit und ohne Gardinen, hängen die verschiedensten Wäschestücke auf Leinen. Außer Agnes wirkt alles öde. Aber die lässt sich nichts von diesem Typen gefallen.

Fabian stellt die Schärfe an seinem Glas besser ein. Irgendwo in der Nähe hört er vorsichtige Schritte, leises Flüstern, das Ende eines Satzes:

„ ... erwischen ihn schon noch!"

Er traut sich nicht, sich umzudrehen. Ein Verdacht steigt in ihm auf; sollte Sonja ihn wirklich angezeigt haben?

Kommen sie jetzt, um ihn zu holen, ihn mitzunehmen? Ist dann für immer alles aus? Würde er gar im Knast landen?

Nein, die Schritte verklingen im dunklen Nichts hinter ihm. Es ist ja auch egal. Er konzentriert sich wieder auf den Kampf, der sich ihm bietet.

Agnes hat sich von Robertos Griff befreit, unerhört aufreizend und selbstsicher tänzelt sie um ihn herum. Lacht ihm ins Gesicht, diesem Schwächling, der sie immer wieder mit seiner Eifersucht verfolgt.

Ja, Fabian fühlt Erregung. Sieht der Mann denn nicht, was für eine Frau er da vor sich hat?! Die braucht doch ihre Freiheit, die kann man nicht an die Kette legen wie einen Hund.

Der Kerl versucht inzwischen nun wirklich, Agnes zu würgen. Sie tritt nach ihm, kräftig und gezielt, er lässt ihren Hals los und packt dann ... Mist! ... erneut ihre Hand.

Und jetzt – Fabian kann den Blick nicht abwenden – genießt er das, was sich ihm da darbietet, wäre da bloß nicht immer Sonjas Stimme in seinem Innern: „Du bist ein Verbrecher, Fabian!"

Ach, zum Teufel mit Sonja! Da! Da tobt das Leben!

Agnes zieht sich etwas mit den Zähnen von ihrem linken Finger – einen Ring. Den spuckt sie dem Kerl ins Gesicht, lachend, ihre Haarpracht selbstbewusst schüttelnd.

Wow! Wow! Wow!

Und dann geschieht es: Roberto hat plötzlich ein Messer in der Hand und sticht zu. Immer und immer wieder sticht er zu!

„Ist d a s spannend!", denkt Fabian, echt Wahnsinn! Fernsehen und Film sind nichts dagegen!

Mit weit aufgerissenen Augen, stumm vor Schreck, gleitet Agnes anmutig zu Boden. Sie ist sofort tot, das ist deutlich.

So'n Schlappschwanz! Bricht heulend über ihrer Leiche zusammen, rührt sich nicht, wehrt sich auch nicht, als von überall her plötzlich Leute kommen und ihn festhalten. Er ist nur apathisch und verzweifelt.

Dann ist es vorbei. Fabian kann sich nicht rühren, so ergriffen ist er. Seine pickelige Stirn und seine schlanken Hände, die sich um das Fernglas verkrampfen, sind nass von Schweiß. Der Vorhang fällt. Das Publikum rast. Fabian jetzt auch, er schreit „Braaaavoooo!", klatscht und ist sich – was auch sonst? – sicher: für eine so tolle – natürlich schon seit Wochen ausverkaufte Aufführung von Bizets *„Carmen"* mit Rolando Villazon in der Rolle des eifersüchtigen Josés und Anna Netrebko als heißblütige Carmen lohnt es sich, das Verbrechen, sich ohne Ticket auf den Stehplatz zu schleichen, wirklich und wahrhaftig. Und für andere tolle Opern tut es das auch.

Sogar die sonst so vernünftige Sonja sieht das ein.

Endlich!

Echsenhaut

© Herbert Blaser

„Seid ihr soweit?"

Ein kurzer Blick in die Runde, ein achtfaches „Ja", und die kleine Gruppe Menschen mischte sich schnell und unauffällig unter die Passanten auf dem Vorplatz der Heiliggeistkirche in Basel. Es war exakt achtzehn Uhr dreißig, die Dämmerung hatte längst eingesetzt. Die Lichter von Werbesäulen, Neonschriften, Straßenlampen und Autos spiegelten sich im Schaufenster der Kantonalbank wider, an deren Eingang sich Inspektor Wyss postiert hatte. Sein Platz war gut, er konnte das ganze Geschehen leiten und beobachten.

Das war der große Tag: Am Montagabend, dem dritten März zweitausendacht, sollte der Fisch ins Netz gehen. Seine Zivilfahnder waren in der Menge unsichtbar geworden, in ein paar Stunden würden sie hoffentlich viele Fragen beantworten können.

Die Stadt erstarrte in Eiseskälte, aber die Aufregung und die Konzentration auf das Bevorstehende ließ ihn die Temperaturen vergessen.

Hoffentlich ging alles gut.

Der Platz war menschenüberfüllt. Feierabendverkehr, volle Straßenbahnen, tobende Kinder auf dem Kirchplatz – das ganze Programm. Wyss dachte an all die Eventualitäten eines missglückten Zugriffs und ihn schauderte. Gefährdung Dritter konnte an diesem Tag nicht ausgeschlossen werden.

„Der Wagen kommt."

„Also dann, los! Nichts übereilen, nichts aus den Augen verlieren." Seine Worte verhallten noch im Äther des Funkverkehrs, während die Festnahme bereits anzulaufen begann: ein ziviler Dienstwagen bremste vor dem Auto des Delinquenten, ein zweiter Wagen blockierte ihn auf der rechten Seite, ein dritter kam hinter dessen Heck zu stehen. Zwei Beamte leiteten den Verkehr schnell und unkompliziert am Geschehen vorbei, Fahrer und Beifahrerin wurden mit Waffengewalt aus dem Auto gezerrt, Handschellen knackten metallisch – fertig.

Keine drei Minuten später fuhr der Konvoi bereits in Richtung Hauptquartier. Die drei Einsatzwagen, die Festgenommenen, das beschlagnahmte Auto, die restlichen Beamten – Wyss atmete auf.

„Und?"

„Nichts!"

„Was – Nichts?"

„Nichts eben, nichts außer einem Haufen Bücher."

„Warum Bücher? Das kann doch nicht wahr sein!"

Wyss wurde nervös. Seine Beamten filzten das Auto des Delinquenten, das zwischenzeitlich in den Hinterhof des neuen Polizeipostens am Kannenfeldplatz gefahren worden war. Der vermeintliche Drogenhändler Brugger und seine Frau saßen in zwei Auffangzellen des Untersuchungsgefängnisses. Und jetzt das. Darauf war niemand vorbereitet. Nichts. Bücher.

„Herr Homberg…", Wyss versuchte dem Staatsanwalt das Missgeschick am Telefon zu erklären, wir schalteten eine Telefonüberwachung. Es war klar von einem Transport und einer Lieferung die Rede. Irrtum ausgeschlossen. Aber im Auto sind Bücher. Wir müssen die beiden gehen lassen. Nur in ihrer Handtasche lagen zwei Platten Haschisch, je fünfzig Gramm. Das ist ein blöder Witz!"

Wyss war entnervt. Noch einmal einen Rückschlag im Fall Brugger konnte er sich nicht leisten. Siebzehn Razzien in drei Jahren. Siebzehn Razzien in den verschiedenen Geschäften des Kaufmannes Brugger und in dessen zwei Wohnungen an der Laufenstraße. Siebzehn – nein, jetzt waren es achtzehn Razzien.

Nichts!

Dabei wurden Gelder und Drogen in mehrfacher Millionenhöhe vermutet. Die Gelder für serbische Nationalisten sollten über diesen Kreis von Verdächtigen nach Ex-Jugoslawien geliefert werden. Zum Aufbau einer Untergrundmiliz, weil Serbien offiziell von der Nato entwaffnet worden war. Das waren die Verdächtigungen und zahlreiche Indizien in der Szene bestätigten sie.

Aber nichts.

„Machen Sie eine moderate Hausdurchsuchung. Die zwei Platten reichen wenigstens dafür. Damit kriegen wir einen Durchsuchungsbeschluss. Überprüfen Sie, dann brechen Sie ab. Aber geben Sie ihm keinen Grund zur Klage."

Offensichtlich erinnerte sich Homberg gut an den Tag vor zwei Jahren, als er von Brugger wegen einer Reihe von kleinen Verfahrensfehlern angeklagt worden war und er deswegen haarscharf an einer Rückstufung vorbeigeschlittert war.

„Sie haben immer noch Ihre Videosammlung?"

Wyss versuchte krampfhaft mit Brugger zu kommunizieren, während die übrigen Beamten die Wohnung erfolglos durchsuchten. Brugger, seine Frau und der Inspektor sassen derweil in der Küche.

Wyss sprach die über tausend Videokassetten an, die sie an dem Tag nicht noch einmal kontrollieren würden.

Brugger schien ruhig und entgegnete leise:

„Ja, wobei viele Hüllen mehr versprechen, als der Inhalt hergibt. Das ist wie bei den Menschen. Nicht wahr? Nur ganz selten ist das anders. Nur selten befindet sich in einer Hülle eine wirkliche Überraschung. Auf die Hälfte der Filme hätte ich jederzeit verzichten können. Ich wusste nur nicht, auf welche Hälfte."

Wyss lächelte. Dann kam seine nächste Höflichkeitsfrage: „Woher eigentlich Ihre Liebe zu Eidechsen? Ihre Tätowierung auf dem Rücken, die Bilder und Gegenstände in der Wohnung – warum Echsen?"

„Ich mag sie, weil sie in zwei Elementen leben können. Im Wasser und auf dem Land. Ich komme mir oft sehr ähnlich vor. Familie, Geschäft – es sind zwei Welten, mit verschiedenen Bedürfnissen. Trotzdem kann ich offensichtlich nur in dieser Symbiose leben."

Brugger erwähnte damit seine drei Kinder, die friedlich in der oberen Wohnung schliefen. Früher hätte der Inspektor auch dieses Kinderzimmer durchsuchen lassen, jetzt verzichtete er darauf. Wegen seines starken Familiensinns galt Brugger als friedlich und sehr ortsbezogen. Er lebte bürgerlich integriert, was ihn berechenbar machte. Berechenbar und schon fast sympathisch.

Wyss empfand beinahe freundschaftliche Mitgefühle für den falsch verdächtigten Geschäftsmann. Immerhin standen sie seit drei Jahren in regelmässigem Kontakt. Er wollte abschließend eine persönliche Frage stellen:

„Brugger, warum denn auch die vielen Gerüchte? Heißt es nicht: wo Rauch ist, müsse auch Feuer sein? Ich versteh' das nicht."

„Herr Inspektor, wenn der Rauch der Gerüchte von Drogen und Geldern spricht, dann kann das Feuer ganz einfach die Missgunst der geschäftlichen Neider sein. Meinen Sie nicht auch?"

Wyss und seine Beamten verabschiedeten sich höflich.

„Ich drehe durch. Das halte ich nicht aus."

Wyss stand in der nahezu geräumten Wohnung Bruggers. Stille, Verzweiflung, Ärger und Scham reichten sich die Hand. Zwei Tage nach der Razzia hatte er die plötzliche Eingebung gehabt: Bruggers Sprüche wegen den Videohüllen. Das war es. Über tausend Kassetten – und nur ein Video lag auf dem Fernseher. Ein Video, aber keine Hülle dazu. Das war ihm aufgefallen.

Inspektor Wyss eilte mit zwei Beamten zu Bruggers Wohnung an die Laufenstraße. Niemand war da, viele Effekten fehlten. Das Video lag noch auf dem Fernseher. Scarface. Eine kleine Ironie des Mistkerls. Ausgerechnet Scarface. Lächerlich.

In fieberhafter Eile suchten die Beamten die Hülle zu der Kassette. Sie steckte irgendwo in der riesigen Sammlung. Sie fanden die Plastikbox und es kam, wie es kommen musste: In der leeren Hülle waren die Lederetuis von den Schlüsseln zweier Schließfächer der Bank UBS. Die Schlüssel fehlten. Da lag auch ein Notizblock mit vielen Namen. Die Nummern waren herausgetrennt. Die Beamten rannten ein Stockwerk höher. In der zweiten Wohnung fehlte nichts. Sie betraten die Kinderzimmer und das kleine Büro Bruggers. Kein Mensch war da.

Nur die Bewohnerin des obersten Stockes kam aufgeregt nach unten gelaufen, weil sie dachte, ihre drei Kinder würden sich einmal mehr ungefragt bei Bruggers aufhalten.

Wie?

Ja, das wären ihre drei Kinder. Nein, Bruggers hätten keinen eigenen Nachwuchs. Der Herr Brugger sei unfruchtbar, deswegen würden sich die Bruggers ja so rührend um ihre Kinder kümmern. Was? Doch, doch, sie sei ganz sicher, dass das die Wahrheit sei.

Totaler Druckabfall im Hirn des Beamten Wyss.

„Warum hat keiner auf dem Einwohneramt angerufen? Warum? Warum kommt es niemandem in den Sinn, die Geburtsscheine zu kontrollieren? Was zum Teufel ist eigentlich mit uns los?“

Wyss war den Zornestränen nahe. Er dachte zerknirscht an seine freundschaftlichen Gefühle gegenüber Brugger und schickte einen Beamten zur Kantonalbank. Er solle die Videobänder der Überwachungskamera auf das Revier bringen. Denn Wyss hatte verstanden. Lange bevor sich seine Beamten einen Reim bilden konnten.

Auf den Bändern war der Zugriff aufgezeichnet. Wyss stoppte die Aufnahmen an der Stelle, als das Paar Brugger von den Fahndern aus dem Wagen gezerrt wurde. Dann betrachtete er die Wagen hinter den agierenden Beamten. Die Wagen, die darauf warteten, dass die Straße von den Polizisten freigegeben wurde.

„Boris Nikic. Hier hinten ist der Wagen von Boris Nikic.“

Wyss zeigte auf das unscharfe Bild der Festnahme vom Montagabend.

„Wir haben den falschen Wagen aus dem Verkehr gezogen. Die Drogen waren im Auto von Nikic. Bruggers machten den Lockvogel. Wir sind Idioten!“

Einige Tage später erhielt Wyss einen Brief aus Übersee. Er öffnete ihn, schrak zusammen und zog ein vertrocknetes Etwas aus dem Umschlag. Das Etwas sah aus wie ein Stück alte Haut. Dazu ein kurzes Schreiben:

„Lieber Herr Wyss“, stand da im Brief, *„ich schulde Ihnen eine Korrektur. Sehen Sie, an den Eidechsen interessiert mich nicht deren Lebensraum, sondern die Tatsache, dass sie einen Teil ihres Körpers abstoßen können, wenn ihnen Gefahr droht. Gruß Brugger.“*

Nachdenklich heftete Inspektor Wyss den getrockneten Eidechsenschwanz an die Pinwand seiner Abteilung und nahm sich für den Rest des Tages frei. Er wollte in den Zoo gehen und sich gründlich überlegen, mit welchem Tier er wohl eine Seelenverwandtschaft hätte.

Misstrauen

© Francesco Lupo

Ausverkauft! Schon wieder.

Enttäuscht verließ Lucas Brokowitch den Kiosk und stapfte missmutig durch den Schnee davon. Seine Hoffnungen reduzierten sich mittlerweile auf ein Minimum. Dies war der sechste Kiosk in Folge, der keine Dauerkarten mehr vorrätig hatte. In diesem Jahr waren sie offenbar viel früher vergriffen. In zwei Wochen begann die Eishockeysaison, die New York Rangers strebten den Titel an und Lucas hatte es versäumt, sich die Dauerkarte für einen Sitzplatz zu sichern. Stehplätze gab es noch ausreichend, aber einen Stehplatz lehnte er ab. Es musste ein Sitzplatz sein. Oder gar keiner!

Im Grunde trug seine Frau Helen die Schuld. Sie hatte vergessen, die Karte zu besorgen, obwohl er sie ausdrücklich darum gebeten hatte. Ausdrücklich! Aber so sind die Weiber, dachte Lucas.

Und wieder meldete sich dieser bohrende Verdacht, dass sie ein Verhältnis haben könnte mit Viktor, einem langjährigen Freund und ehemaligen Schulkameraden. Niemals hätte Lucas das für möglich gehalten. Ausgerechnet mit dem! Viktor war nicht gerade eine umwerfende Erscheinung, hatte aber Geld. Mehr Geld als Lucas, viel Geld ...

Wie er bei seinem letzten Besuch Helens Käsekuchen gelobt hatte, das war beinahe schon peinlich.

„Ich werde dir einen backen“, hatte sie ihm versprochen. Soweit war es gekommen. Sie backt ihm bereits Käsekuchen.

Und wie sie getuschelt hatten, die zwei, als Lucas das Zimmer kurz wegen eines Telefonats verlassen musste und unverhofft zurückkehrte. Es war widerlich! Das hatte er den beiden nicht zugetraut. Viktor vielleicht schon, aber seiner Helen niemals. Das Miststück. Der Käsekuchen, den sie letzte Woche zubereitet hatte, war in der Tat spurlos verschwunden, ohne dass er, Lucas, ein Stück davon abbekommen hätte. Er mochte Käsekuchen auch gern! Miststück!

Der siebte Kartenverkäufer konnte Lucas’ Nachfrage ebenfalls nur negativ bescheiden. Immer wieder boten sie ihm Stehplätze an. Lucas begann innerlich zu rasen. Wenn er einen Stehplatz hätte haben wollen, dann würde es das sagen! Stehplätze waren etwas für Idioten. Mit grimmigem Gesicht und hochgezogenen Schultern trottete er davon. Dünne Atemwolken entströmten seinem Mund.

Der Ärger um seine Frau legte sich auf sein Gemüt. Lucas war Fluglotse und benötigte seine gesamte Konzentration für die Arbeit am Radarschirm. In der letzten Woche waren ihm zwei gravierende Fehler unterlaufen. Fehler, die zum Glück keine Unfälle zur Folge gehabt hatten. Den Kollegen jedoch, die neben ihm saßen, war dies natürlich nicht verborgen geblieben.

Was denn los sei mit ihm?, hatten sie ihn gefragt.

„Nichts!" war seine lapidare Antwort gewesen und hatte weiter auf seinen Schirm gestarrt. Sie sollten sich gefälligst um ihre eigenen Sorgen kümmern. Wenn er seine privaten Probleme nicht in den Griff bekam, war seine berufliche Karriere in höchstem Maße gefährdet. Dauerkarte hin oder her. Er musste handeln. Schnellstens.

Lucas sah Helens Gesicht noch vor sich, als er sie direkt auf ihre Affäre mit Viktor angesprochen hatte. Richtig erschrocken schaute sie, verdutzt, leugnete natürlich alles. Aber so sind sie, die Weiber! Erwischen würde er sie, in flagranti. Wie er das bewerkstelligen konnte, wusste er auch schon. Lucas machte sich auf den Heimweg.

Zuhause angekommen setzte er sich in seinen Hobbyraum, suchte sich ein paar Teile zusammen und dachte nach. Vor seiner Umschulung vor drei Jahren war er Elektroniker gewesen und seine Leidenschaft gehörte der Mikroelektronik. Diese Minikamera besaß er schon eine Weile, endlich war der Zeitpunkt gekommen, sie auszuprobieren. Die Kamera war so winzig, so unscheinbar, dass er Acht geben musste, sie nicht fallen zu lassen, er hätte sie verlieren können in den Fasern des Teppichbodens.

Lucas suchte ein Objekt, worauf er die Kamera unauffällig befestigen konnte, ohne dass Helen etwas davon bemerkte.

Die Brosche!, schoss es ihm durch den Kopf. Er hatte sie ihr zum zehnten Hochzeitstag geschenkt. Die Brosche war genau richtig. Helen war nicht zu Hause, wer weiß, wo sie sich wieder herumtrieb …

Lucas begab sich auf die Suche nach dem Schmuckstück, konnte es natürlich nicht finden; Helen trug es ständig. Also musste er bis zum Abend warten; und Lucas wartete.

Nacht lag über New York, über der Stadt, die niemals schläft. Die Uhr zeigte kurz nach zwei. Auch Lucas schlief nicht. Vorsichtig schaute er auf seine Frau neben sich, lauschte ihrem Atem. Gott sei Dank, Helen schlief. Großartig.

Sachte erhob er sich, ängstlich bemüht, sie bloß nicht zu wecken. Auf der Kommode im Schlafzimmer fand er die Brosche, nahm sie an sich und schlich in den Hobbyraum. Die Zeit drängte. Wenn sie wach werden und ihn nicht im

Bette finden würde, war das ganze Unternehmen gefährdet. Misstrauisch würde sie werden. Frauen sind immer so misstrauisch. Alle! Er war nie misstrauisch. Diese Eigenart war ihm fremd.

Mit geübten Handgriffen setzte er die Minikamera zwischen zwei funkelnde Steine der Brosche – fertig. Den Sender platzierte er am Boden ihrer Handtasche. Ein Test mit dem Empfangsgerät zeigte ein passables Bild.

So! Ab heute konnte sie ihm nichts mehr vormachen. Jetzt hatte er sie unter totaler Kontrolle. Ebenso lautlos wie er gegangen war, kehrte Lucas zurück und schlüpfte zurück ins Bett. Die Brosche lag auf ihrem angestammten Platz.

Heute war Freitag und Helen nach dem Frühstück zur Arbeit gegangen – etwas früher als sonst, wie ihm auffiel. Lucas hatte Spätdienst, das kam ihm gelegen. Sobald sie die Wohnung verlassen hatte und mit dem Fahrstuhl hinunter gefahren war, begab er sich in seinen Hobbyraum, schaltete den Empfänger ein und schaute auf den kleinen Bildschirm.

Zunächst sah er nur ein paar Streifen, drehte am Frequenzregler; das Bild wurde zusehends schärfer. Fasziniert konnte er erkennen, was die Minikamera an Bildern einfing. Es war die U-Bahnstation vor ihrer Haustür. Ziemlich gut waren die Bilder. Sogar die Reklamewände der Station konnte Lucas betrachten. Nun erschien die Bahn, Helen stieg ein. Während der Fahrt war die Übertragung ein wenig gestört, aber nach kurzer Zeit schon konnte er wieder an Helens Weg teilhaben. Aber wo war sie? Aha! Wenn Lucas das richtig deuten konnte, war Helen an der Carnegie Hall ausgestiegen. Was wollte sie dort? Sie arbeitete doch an der Columbia Universität, das waren noch etliche Stationen. Gebannt starrten seine Augen auf den kleinen Bildschirm.

Die verborgene Kamera zeigte ihm von ferne die Konturen des Central Parks. Sie wollte sich mit Viktor treffen, kein Zweifel! Deshalb war sie früher als sonst zur Arbeit gefahren. Miststück!

Vorbei an unzähligen, im Schrittempo fahrenden Autos führte sie ihr Weg direkt auf den riesigen Park zu, auf die grüne Lunge New Yorks, die im Moment allerdings unter einem Schneeteppich versunken war. Plötzlich blieb sie stehen, ins Bild geriet ein Schaufenster, Helen betrat ein Juweliergeschäft. Das kam Lucas bekannt vor: Es handelte sich um Viktors Juwelierladen. Also doch! Schon erfasste die Kamera seinen Kontrahenten hinter der Ladentheke. Nicht dass Lucas eifersüchtig gewesen wäre – aber diesen Kerl hätte er umbringen können!

Es war für Lucas beinahe unerträglich, dass er nur Viktor im Bild hatte. Denn es hatte ganz den Anschein, als würde Helen ihm Geld zustecken wollen – das er jedoch nicht nahm. Bezahlte sie ihn jetzt gar dafür? Lucas wollte seinen

Augen nicht trauen. Nochmals gerieten die Geldscheine ins Blickfeld, wieder wies Viktor den Betrag zurück, beinahe empört, wie es schien. Derartige Gefälligkeiten übernahm er wohl kostenlos. Jetzt sprachen sie miteinander. Es war eine Katastrophe, dass Lucas nicht hören konnte, worüber sie so innig plauderten. Natürlich über den gehörnten Ehemann. Dem stand der Schweiß auf Stirn und Oberlippe. Fix und fertig schaltete Lucas den Apparat ab. Seine Vermutung hatte sich also restlos bestätigt.

Das konnte er so nicht auf sich sitzen lassen. Je mehr er sich die Sachlage überlegte, um so mehr überwog die Erkenntnis: Diese zwei mussten verschwinden. Ertränken oder erschießen. Irgendwo verbuddeln, alle beide. Mit einemmal wusste er sogar, wie er sie beseitigen würde: Lucas und Helen Brokowitch bewohnten ein mehrstöckiges Wohnhaus. Unten im Keller befand sich die Heizung mit jenem großen Ofen, in welchem die Bewohner zeitweilig ihre Abfälle verbrannten. Ein gigantischer Ofen, wie geschaffen für sein Vorhaben. Er besaß eine breite Tür, breit genug, um …

Als ersten würde er Viktor hineinschieben, genussvoll, damit sie zusehen konnte. Und anschließend dieses Weibsstück.

Lucas verließ die Wohnung und fuhr mit dem Lift in den verwaisten Keller. Dort angekommen, suchte er alles Brennbare zusammen, dessen er habhaft werden konnte. Zuerst zertrümmerte er mit der Axt einen Schrank, der dort seit langem im Weg stand. Zornig hieb er auf die Holzteile ein, als trügen sie die Schuld an seiner ausweglosen Situation. Danach betrachtete er die Axt. Scharf war sie geschliffen, eine hervorragende Waffe …

Im Anschluss raffte Lucas alle Kartons zusammen, die er entdeckte, schichtete sie auf, legte alles bereit für den morgigen Tag. Der Ofen heizte jetzt im Spätherbst bereits auf vollen Touren, die beiden „Sonderschichten“ würde er leicht verkraften.

Auf der Fahrt zurück ins Obergeschoss überlegte Lucas fieberhaft, wie er die Ehebrecher in den Keller locken konnte. Mit Helen war das kein Problem, sie war leicht zu bewegen, ihm in den Keller zu folgen. Wie aber sollte er Viktor dazu bringen? Vielleicht sollte er ihm ein kleines Briefchen … mit Helens Unterschrift…? Das wäre eine Möglichkeit.

Ein diabolisches Grinsen überzog Lucas' Gesicht. Das Schlimmste, was einem Mann passieren konnte, waren Hörner, aufsetzte von der eigenen Ehefrau. Sollten man ihn wider Erwarten überführen, würde er milde Richter finden, dessen war er sich gewiss.

Zurück in der Wohnung schrieb er mit der Maschine einen kurzen Brief:

‚Lieber Viktor. Ich bitte dich innig, morgen um 19 Uhr kurz herüber zu kommen. Ich erwarte dich im Keller.

Dringend! Helen.'

Den Brief steckte Lucas in ein Couvert und trug ihn persönlich zu Viktors Briefkasten. Er wohnte in der Nachbarschaft, nur zwei Blocks entfernt.

Am folgenden Tag saß Helen gegen 18 Uhr 50 vor dem Fernseher und schaute eine Serie, die von ständigem, gequältem Hintergrundgelächter begleitet wurde. Ein Greuel für Lucas. Jetzt wurde dem Zuschauer schon vorgeschrieben, wann er zu lachen hatte und wann nicht. Lucas stand an der Tür.

„Ich wollte dir etwas im Keller … zeigen, Helen!“ sagte er knapp.

„Das hier ist gleich zu Ende, Schatz, ich komme nach.“

Auch gut, dachte Lucas. Du kommst früh genug. Wie sie das ‚Schatz' gehaucht hatte, als ob nichts geschehen wäre. Miststück! Lucas benutzte die Treppe, er hatte Zeit. Im Flur schaute er gewohnheitsmäßig in den Briefkasten und entdeckte ein Couvert, adressiert an Helen. Absender: Viktor. Aha! dachte Lucas, sein letzter Liebesbrief.

Lucas Brokowitch sah sich um, niemand war in der Nähe, er steckte den Brief achtlos ein und ging in den Keller. Es war 18 Uhr 52, bald war alles vollbracht.

Heute sah der Ofen noch größer aus, viel bedrohlicher. Lucas öffnete ihn, schaute hinein, die Flamme war passabel. Er legte etwas Holz nach vom Schrank, den er gestern zerkleinert hatte, die Klappe ließ er offen. Danach holte er die Axt. Lucas wartete. Immer wieder prüften seine Finger die Schärfe des Werkzeuges.

Was Viktor wohl geschrieben hatte? Ob er gar eine Ausrede benutzte, um nicht erscheinen zu müssen? Was sollte Lucas tun, wenn sein Kontrahent nicht erschien? Hinübergehen, ihn erschlagen und über zwei Blocks hierher in den Keller zerren? Das war nicht machbar.

Seine Hand griff in die Tasche, den Brief hervorkramend. Ein rascher Blick zur Kellertür – und der Brief war geöffnet. Lucas hatte kein Licht eingeschaltet, tief bückt er den Oberkörper zur geöffneten Ofenklappe hinunter und las:

„Liebe Helen!“

„Ich finde es lieb, dass du gestern bezahlen wolltest, aber das ist nicht nötig. Das ist ein Freundschaftsdienst von mir für euch beide.“

Lucas Adern schwollen an. Einen Freundschaftsdienst für beide nannte er das? Hielt er ihn für impotent? Fester griffen seine Finger die Axt, während er weiterlas:

„Durch meine Bekanntschaft mit Tex Shriver ist es mir gelungen, doch noch das Ziel zu erreichen. Anbei findest du das Gewünschte. Tschüss Viktor."

Das Gewünschte? Lucas griff in den Umschlag, fingerte darin herum und zog ein Stück Papier hervor, das aussah wie eine Eintrittskarte. Darauf stand:

‚Dauerkarte für die Saison 2003/04 der New York Rangers, Sitzplatz Nr. 58, Reihe 3, Block D.'

Lucas erbleichte. Tex Shriver war Torhüter der Rangers und ein Freund von Viktor. Zitternd hielt Lucas seine so sehnlichst erwünschte Dauerkarte in Händen – und Helen hatte sie für ihn besorgt ... mit Viktors Hilfe!

Er fühlte eine Schwäche in sich aufsteigen, ging in die Hocke und legte den Brief zusammen mit der Karte auf sein Knie. Erneut las er die Zeilen. Der Feuerschein des Ofens erhellte den Fußboden, warf die Silhouette seines Knies als weiten Schatten auf den Flur, angenehme Wärme strömte über seine Beine. Da öffnete sich die Kellertür und Helen erschien.

Ein Luftzug erfasste den Brief samt Karte und wehte ihn ins Feuer, bevor Lucas reagieren konnte.

„Na, was gibt es denn so Wichtiges?" fragte Helen beinahe besorgt.

Lucas wurde noch um einige Grade blasser. Verwirrt erhob er sich, die Axt entglitt seiner Hand. Er nahm seine Frau in die Arme und drückte sie so fest er konnte. Als wollte er sie nie wieder loslassen.

Stehplätze sind im Grunde ausgezeichnet, dachte Lucas Brokowitch, als sie zusammen den Keller verließen. Das ging schon in Ordnung. Das bereitete ihm keine Probleme mehr.

Wie aber sollte er Viktor, der gerade den Flur betrat, Helens abendliche Einladung hierher in den Keller erklären ...?

Letzte Spuren

© Jens Eitiger

„Wirklich, Sir …“ Der Mann, der vor Inspektor Wilkins saß, sackte noch ein Stück weiter in sich zusammen. „Ich … ich konnte sie einfach nicht mehr halten … hatte keine Kraft mehr … genauso wenig wie … Emmi …“, kam es mit einem trockenen Aufschluchzen aus seiner Kehle. „Sie hatte auch keine Kraft mehr, sich noch länger an mich zu klammern …“

Die Stimme des Mannes versiegte. Haltlos schluchzte er auf. Im ersten Moment reute es Inspektor Wilkins, dass er derart schroff vorgegangen war. Der Mann vor ihm machte wirklich nicht den Eindruck eines eiskalten und berechnenden Mörders. Aber so etwas stand wohl niemanden ins Gesicht geschrieben.

Stillschweigend und eingehend musterte er den in sich eingesunkenen einarmigen Mann, der beim gestrigen Badeunfall – wenn es denn ein Badeunfall gewesen war – seine Frau auf tragische Weise verloren hatte.

Eigentlich konnte der Inspektor dem Mann weder etwas vorwerfen, geschweige denn, den Mord an der eigenen Frau nachweisen. Einzig und allein der Umstand, dass dessen Geschäfte alles andere als glänzend gingen und er so gut wie vor dem Ruin stand und eine verdammt hohe Versicherungssumme wundersamer Weise gerade noch zur rechten Zeit kam, würde kaum ein Richter dieser Welt als ausreichende Verdachtsmomente werten, die eine Verhaftung rechtfertigen würde. Aber eben diese hohe Versicherungssumme, die nun nach dem Ableben seiner Frau zur Auszahlung anstehen würde, ließ Inspektor sehr nachdenklich werden. Mit mehr als einer halben Million ließ sich so manches Unternehmen aus einer Talsohle schnell wieder flottmachen …

„Ich weiß, dass es Sie quälen wird, Mister Loredas“, griff Inspektor Wilkins die Vernehmung umsichtig wieder auf, „aber ich muss Sie bitten, mir noch einmal den ganzen Hergang zu schildern. So genau wie möglich. Ich muss Sie quasi zwingen, sich förmlich an jede Sekunde zu erinnern. Unsere Vorschriften … Sie wissen …?"

Nein, wusste Jack Loredas zwar nicht, aber ergeben seufzend nickte er zustimmend: „Ist schon in Ordnung, Inspektor … einmal mehr oder weniger … was macht das noch?“

Dann schilderte der Mann noch einmal wie es zum Unfall auf dem Meer gekommen war; dass Emmi, seine Frau, sich plötzlich und völlig unerwartet über den Bootsrand vorgebeugt hatte … was das kleine Schlauchboot arg ins Schwanken gebracht hatte und wie sie dadurch wiederum Übergewicht bekommen hatte und ins Meer gefallen war. Natürlich war er sofort ebenfalls ins Wasser gesprungen, als er erkannt hatte, wie schnell das Boot durch den aufgefrischten Wind von seiner Frau abdriftete.

„Ich sah sie nur noch wild mit den Armen rudern, ehe ich hinterher sprang …"

„Ihre Frau kann … Entschuldigung … Ihre Frau konnte nicht schwimmen?" fragte Wilkins erstaunt. „Und Sie fahren mit ihr aufs offene Meer hinaus?!"

„Es ist bisher doch noch nie etwas passiert, Inspektor … noch nie …"

„Ja, gut, erzählen Sie bitte weiter."

Jack Loredas schluckte tapfer: „Viel gibt es da nicht mehr zu erzählen, Inspektor. Ihre Kräfte verließen sie einfach viel zu schnell. Und ich selbst … nun, Sie sehen ja, mit nur einem Arm war ich schon vollauf damit beschäftigt, mich selbst über Wasser zu halten. Und eine Zeitlang hat sich Emmi ja auch noch an meine Schulter krallen können … aber dann …"

Aber dann waren Emmi Loredas Kräfte endgültig verbraucht gewesen und war vor den Augen ihres Mannes ertrunken.

Ohne dass Inspektor Wilkins danach gefragt hätte, erhob sich Jack Loredas von seinem Stuhl, streifte ein wenig umständlich sein Hemd von der Schulter, um dem Beamten die deutlich sichtbaren Kratzspuren zu zeigen, an denen zudem noch großenteils deutlich die von Emmi Loredas verwendete Nagellackfarbe erkennbar war.

Der Inspektor nickte nur stumm. Die nachvollziehbare Schilderung des Mannes, die dessen Worte bestätigenden Kratzspuren … der Umstand, das Jack Loredas seit einem Verkehrsunfall in jungen Jahren zur Einarmigkeit verdammt war … am liebsten hätte Wilkens den Fall, der keiner zu sein schien, zu den Akten gelegt … wenn … ja, wenn da nicht diese enorme Versicherungssumme gewesen wäre …

Lange, nachdem Jack Loredas das Büro des Inspektors verlassen und der wieder und wieder das kurze Protokoll durchgelesen hatte, schaute er auf als seine Assistentin ins Büro trat.

„Nichts Außergewöhnliches. Von hier ist er schnurstracks nach Hause. Wir haben noch eine Weile abgewartet … aber … naja, nichts eben.

Inspektor Wilkins nickte, etwas anderes hatte er auch nicht erwartet. Aber so ganz alleine wollte er mit seinen Gedankengängen den Tag nicht abschließen.

„Ich kann mir nicht helfen, Miss Winters", weihte er seine Assistentin in seine Überlegungen ein. „Klang ja wirklich alles echt und auch tragisch – aber ich spür's … an seiner Geschichte ist was faul … oberfaul … das spüre ich!"

„Ich weiß nicht, Chef. Zum einen macht ja nicht gerade den Eindruck eines skrupellosen Killers und zum anderen, so wie wir auf die Schnelle erfahren konnten, führten die beiden nahezu eine Bilderbuch-Ehe …"

„Sicher, Miss Winters, sicher. Seit über 20 Jahren schon. Ich weiß. Hab's dutzendmal gelesen. Gratuliere übrigens zu solch einer Blitz-Recherche – da hätte ihr Vorgänger sicher paar Tage für gebraucht…"

„Der ging ja auch lieber zu Fuß alles abklappern, ich steh mehr auf Computertechnik."

Wilkins nickte. Dann wechselte er urplötzlich das Thema.

„Haben Sie heute Abend eigentlich schon was vor? Ich würde gern mal wieder bisschen auswärts essen gehen. Haben Sie Lust?"

Nur allzu gerne sagte die Assistentin zu. Nicht, weil sie fand, ihrem Chef keinen Korb geben zu dürfen, sondern weil ein Mann wie Rob Wilkins eben genau der Typ Mann war, bei dem sie ganz gerne schwach werden würde …

Pünktlich halb acht klingelte Wilkins an Miss Winters Apartmenttür.

„Uuups, schon da?", sprudelte es aus ihrem Mund als sie öffnete. „Bin noch nicht ganz soweit. Geht aber schnell. Kommen Sie rein, Chef."

Schmunzelnd folgte er dem reizenden Persönchen ins Innere der Wohnung, ließ sich einen Platz an der Essecke zuweisen und zwei Minuten später hatte Conny Winters ihren Hausanzug gegen eine Garderobe ausgetauscht, die Wilkins einen ungewollten Pfiff über die Lippen kommen ließ.

Conny Winters hauchte ein leises „Danke", dann: „Nur noch schnell den Nagellack drauf und wir können."

Nun schlug Wilkins gedanklich doch die Hände über den Kopf zusammen: „Noch Nagellack…? Das dauert ewig!"

Aber so, als hätte seine Assistentin seine Gedanken lesen können, warf sie schon aus dem Zimmer eilend, über die Schulter zurück: „Ich mach's schneller … versprochen."

Leise aufseufzend ließ sich der Inspektor auf seinen Stuhl zurücksinken. Aber Conny Winters schien nicht zuviel versprochen zu haben: Gerade hatte er noch das Rauschen der Wasserleitung gehört, da stand sie auch schon wieder vor ihm: „Fertig. Abmarsch!"

„Was? So schnell? Und der Nagellack? Muss der nicht erst trocknen? Also, von meiner Schwester kenn ich das anders – das dauert ..."

„Eigentlich schon, Chef, aber wenn man die Fingerchen unters Wasser hält, dann geht's ruckzuck."

Wilkins zuckte zusammen, riss die Hände seiner Assisten in die Höhe und sich vor die Augen. Strich prüfend mit dem Daumen über die frisch lackierten

Fingernägel – nichts. Kein Abrieb. Für zwei, drei Sekunden blickte er Conny Winters in die Augen, dann:

„Essen muss warten. Tut mir leid. Kommen Sie mit. Wir müssen vorher noch jemanden verhaften!"

Die Überraschung stand Jack Loredas ins Gesicht geschrieben, als er den beiden Polizisten die Tür öffnete.

„Oh, Inspektor ... Sie ...?"

„Kommen Sie, Loredas", sparte sich Wilkins Begrüßung und Erklärung. „Mich können Sie nicht länger hinters Licht führen – wo ist Ihre Frau? Wo hält sie sich versteckt?"

„Aber ...? Wie bitte? Ich verstehe nicht ...?"

Jack Loredas war sichtlich überrumpelt. Rob Wilkins war weiter ins Hausinnere gestampft, blieb an der breit geschwungenen Treppe stehen.

„Kommen Sie ruhig herunter, Mrs. Loredas. Ich weiß, dass Sie irgendwo dort oben sind. Kommen Sie freiwillig herunter. Spart nämlich den Steuerzahlern eine Menge Geld, wenn ich nicht erst ein großes Polizei-Aufgebot anfordern muss."

Und tatsächlich – wenig später stand eine völlig geknickte Emmi Loredas mit hängenden Schultern ebenfalls in der Eingangshalle. Jack Loredas hatte sich sofort neben seine Frau gestellt und blickte den Inspektor aus fassungslosen Augen an. Auch Mrs. Loredas Augen richteten sich fragen auf Inspektor Wilkens: „Woher ... woher wussten Sie ...?"

Wie zur Untermauerung seiner Worte, zog Wilkins seine Assistentin zu sich heran: „Gerade Sie als Frau müssten das eigentlich ahnen können, Mrs. Loredas. Ihr Nagellack hat Sie verraten. Ihr Mann sagte nämlich aus, dass Sie, nur wenige Sekunden bevor Sie über Bord gegangen sein wollten, Ihre Nägel frisch lackiert hätten. Daher auch die deutlich sichtbaren Nagellackspuren an seinem Nacken, die Sie bei Ihrem angeblichen Ertrinken zurückgelassen hätten. Was aber nicht hätte sein dürfen, weil, wie ich jetzt weiß, Nagellack bei Einwirken von Wasser sehr schnell härtet und abtrocknet. Die Kratzspuren waren ja völlig okay und hatten mich auch schon fast überzeugt ... aber die Nagellackspuren, die waren sozusagen eine Spur zuviel."

Wenig später verließen Emmi und Jack Loredas widerstandslos, aber Arm in Arm in Begleitung von Inspektor Ron Wilkins und seiner Assistentin das Haus.

Der Apfel fällt nicht weit vom Schrank

© Günter Suda

Das Geräusch erinnerte Reginald an fallende Dominosteine. Tatsächlich handelte es sich aber um Bücher, die das morsche Regal in Richtung des metallenen Wellingstoneschen Apfels entlang purzelten. Jetzt wusste er, weshalb sein Onkel stets davor gewarnt hatte, die dicke Familienchronik zu entfernen.

Durch die Wucht der dadurch ausgelösten Kettenreaktion kippte dieser Eisenapfel von seinem Podest und fiel direkt auf Reginalds Kopf zu.

Dabei wäre Reginald doch endlich am Ziel gewesen …

Eine Woche zuvor hatte Reginald Wellingstone seinen 33. Geburtstag gefeiert. Sein Onkel, der alte Duke of Wellingstone schenkte ihm wie jedes Jahr ein Hemd und zwei Paar Socken. Der Alte knauserte, obwohl er millionenschwer war. Seit Jahren sehnte sich Reginald nach Geld, Titel und Ländereien des Duke. Natürlich würde Reginald als einziger Neffe die ganze Pracht irgendwann erben, doch vor seinem Tod rückte der Alte keinen Penny aus der Tasche.

Der Duke litte zwar seit seinem fünfundsiebzigsten Geburtstag, der vor knapp fünf Jahren groß gefeiert worden war, unter einer etwas schlechteren Gesundheit, steuerte aber zielstrebig auf seinen Achtzigsten zu und behandelte Reginald mehr denn je wie einen Lakaien.

Der Familienarzt, Doktor Frinchintrop, wunderte sich seit dreißig Jahren über die Fitness des Duke. Bei all den gebratenen fetten Enten – die Leibspeise des Duke – die er verdrückte, den dicken Zigarren, die er paffte sowie kiloweise Stilton-Käse, welchen der Alte mit Kisten von Portwein hinunterspülte, war das auch mehr als verwunderlich.

Der Duke selbst schob das Unwohlsein der vergangenen fünf Jahre auf eine Fischgräte, die er beim Geburtstagsdinner anlässlich seines Fünfundsiebzigers in den Rachen bekommen hatte. Dadurch war eine alte Kriegsverletzung gereizt worden, ein Lungendurchschuss. Der Alte hustete in einem fort, stampfte dabei auf wie ein Elefant und würgte hin und wieder einen rötlichen Auswurf in sein Taschentuch. Obwohl bei letzterem unklar blieb, ob es sich nicht um Stilton-Bröckchen mit Portwein handelte. Bei jedem Hustenanfall ließ der Alte seinen Fuß dermaßen wuchtig auf den Boden krachen, dass die Wände wackelten. Eine solche Kraft hätte Reginald einem knapp Achtzigjährigen nicht zugetraut. Diese Stärke hatte der Duke von seinem Vater geerbt, wie er Reginald einmal erklärte. Andererseits brauchte es in diesen renovierungsbedürftigen Mauern mit den wurmstichigen Möbeln nicht viel, um alles erbeben zu lassen.

Bei Reginalds Geburtstagsessen im kleinsten Kreis – es waren nur er und der Duke anwesend – murmelte der Alte kurz einen Glückwunsch an seinen Neffen und plante dann, frisch wie ein junger Spund, die Feier zu seinem Achtzigsten. Dieser wäre in einem Monat zu begehen. Der Butler wurde natürlich angewiesen, für das Ereignis den Wellingstoneschen Apfel auf Hochglanz zu polieren.

Nach dem zweiten Weltkrieg hatte der Duke aufgrund seiner Tapferkeit in der Schlacht um England vom König die Erlaubnis erhalten, sich ein Herrschaftszeichen aus Metall als Familiensymbol anfertigen zu lassen. Vermutlich hatte dabei auch die Tatsache eine Rolle gespielt, dass der Duke nach dem Königshaus der größte Grundbesitzer Englands war.

Allerdings durfte der Duke oben auf der Frucht nur zwei Blätter anbringen lassen. King George hatte gemeint, sonst wäre die Verwechslungsgefahr mit dem Reichsapfel zu hoch.

Mit dieser Einschränkung beauftragte der Duke den Dorfschmied mit der Herstellung eines möglichst pompösen Apfels. Da dieser alteingesessene Handwerker normalerweise Pferde beschlug und rostige Eisentore reparierte, fiel die Ausführung des Kunstwerks etwas derb aus. Aus massivem Eisen mit Goldauflage wirkte er wie ein lackierter Kürbis mit zwei kleinen Blättchen obendrauf – und wog mindestens fünfzehn Kilo.

Der Wellingstone-Apfel erhielt einen Ehrenplatz auf einem kleinen Podest im Salon, mitten auf dem obersten Regal eines Wandschranks. Dort, wo ihn der Butler möglichst selten abstauben konnte. Daneben stand der dicke Familienatlas, flankiert von genauso mächtigen Schwarten über die Geschichte Englands.

„Die Familienchronik darf niemals von dort oben entfernt werden, sonst gerät unsere Herrschaft ins Wanken“, hatte der Alte einmal kryptisch zwischen zwei Hustenanfällen herausgepresst. Reginald hatte das als seniles Geschwafel abgetan.

Der alte Duke hatte seinen Platz am Esstisch gegenüber dem Apfel und konnte so sein Ehrensymbol bei den Mahlzeiten stets bewundern.

Um zumindest ein wenig Herrschaftswürde zu erleben, verrückte Reginald seinen Stuhl so, dass er genau unter dem Wellingstoneschen Apfel saß. Dadurch fühlte er sich zumindest während der Essens schon ein wenig als Duke!

Ansonsten lebte er wie ein ärmlicher Student. Der Alte hielt ein monatliches Taschengeld von dreihundert Pfund, welches Reginald seit zehn Jahren bezog, immer noch für ausreichend, zumal Reginald für Kost und Logis nichts bezahlen musste. Im Gegenzug sollte Reginald dem Duke bei der Verwaltung der Ländereien zur Seite stehen und konnte sich so keinen anderen Job suchen. Zweimal hatte er den Alten vorsichtig gebeten, sein Gehalt zu erhöhen oder ihm zu gestatten, eine zusätzliche Stelle anzunehmen. Beide Male hatte der Duke gedroht, Reginald zu enterben. Es wäre unter der Würdc eines Wellingstones, außerhalb des Familienlandsitzes zu arbeiten. Und wer brauchte schon eine Gehaltserhöhung, wenn er eines Tages diesen Besitz erben würde?

Aber wann, dachte Reginald seufzend.

Kurz nach seinem dreiunddreißigsten Geburtstag entschloss sich Reginald, das Schicksal selbst in die Hand zu nehmen. Er manipulierte die Hellebarde der Ritterrüstung im Vorraum, so dass diese bei der kleinsten Erschütterung den Sessel daneben zertrümmern würde. Dort saß der Alte oft und rauchte eine Zigarre, während er in der Wellingstone Post blätterte. Dabei konnte er Amie, die junge Dienstmagd, beobachten, die das Tafelsilber polierte. Um in die Kommode neben dem Alten zu langen, musste sie sich weit vorbeugen und gewährte damit tiefe Einblicke auf ihre Äpfel, die dem Duke ebenso gut gefielen wie sein Metallungetüm im Salon.

Im Vorraum hatte der Alte zwar wie gehofft einen Hustenanfall, aber er hatte sich leider schon vorher erhoben, um seinen Zigarrenanzünder zu holen – ein Erbstück seines Urgroßonkels, das niemand sonst benutzen durfte. Also stampfte er erst auf dem Weg ins Arbeitszimmer auf. Damit zertrümmerte die Hellebarde des Blechritters nur den leeren Stuhl und erschreckte Amie beinahe zu Tode.

Auch der nächste Versuch, den Alten mittels eines vergifteten Gläschens Port umzubringen, misslang. Just an diesem Abend kam der Notar des Duke vorbei, um einige Dokumente zu besprechen. Beim gemeinsamen Umtrunk danach reichte Reginalds Onkel dem Juristen das präparierte Glas und Reginald konnte gerade noch rechtzeitig aufspringen, um den Notar anzurempeln. Der rote Fleck auf dem maßgeschneiderten Hemd des Rechtsberaters war peinlich genug!

Schließlich fiel Reginald der Ausspruch des Duke wieder ein, dass man den Familienatlas nicht verrücken dürfe. Reginald nahm diesen kurz vor dem Abendessen aus dem Regal und hoffte, dass der Anblick den Alten zumindest so weit erschrecken würde, dass er ins Krankenhaus musste und Reginald zumindest vorübergehend die Geschäfte übernehmen könnte.

Doch beim Abendessen war der Duke förmlich wie selten zuvor:

„Reginald, mein Lieblingsneffe.“

Reginald runzelte die Stirn. Als einziger Verwandter war das keine Kunst. Dennoch benahm sich der Duke ihm gegenüber sonst nie so freundlich.

„Du hast dich in den letzten Jahren als anständiger Mitarbeiter erwiesen.“

Der Alte wurde von einem Hustenanfall unterbrochen, der ihn mehrmals aufstampfen ließ.

„Deshalb habe ich vor zwei Tagen unseren Notar hergebeten, um für dich auch nach meiner Heirat mit Amie ein anständiges Auskommen zu sichern …“

Der Duke erstarrte. Auch Reginald hörte das seltsame Geräusch. Da wanderte der Blick des Alten zum Bücherregal empor. Seine Augen wurden groß.

Reginald beugte sich zurück und erkannte, weshalb der Alte gemeint hatte, dass der Familienatlas stets an seinem Platz bleiben müsse. Die anderen Bücher waren durch den Hustenanfall des Duke ins Wanken geraten und hatten eine solche Energie entwickelt, dass sie den Wellingstoneschen Apfel zum Kippen brachten.

Alles umsonst, dachte Reginald, als der Apfel auf seine Stirn zuflog.

Liebeskummer lohnt sich

Helga Siebert schrak zusammen, als das Läuten des Telefons durch die Anwaltskanzlei schrillte. Sie stand vor dem offenen Tresor, hatte das Geld noch in der Hand. Sie wollte es nicht wegnehmen. Natürlich nicht. Sie hatte ein schlechtes Gewissen, hätte den Geldschrank nicht aufmachen, die Scheine nicht herausnehmen dürfen.

„Nur falls mir einmal etwas zustößt", hatte Herr Schröder, ihr Chef, kurz erklärt, als er ihr vor drei Wochen den Zweitschlüssel anvertraute.

Aber sie musste überprüfen, ob ihre Theorie richtig war. Sie wusste, sie spielte mit dem Feuer. Sie hatte in Krimis gelesen, wie wenig mit bestimmten Leuten zu spaßen war. Und jetzt noch dieses Telefon! Die ältlich wirkende Sekretärin wartete wie gelähmt, konnte ihr Herz deutlich schlagen hören. Das Telefon dröhnte erneut nach einem Moment des vergeblichen Hoffens.

Helga hatte sich geduldet, bis sie allein war. Ihre Kollegin, Klara Sommer, brauchte das mit dem Geld nicht unbedingt mitzubekommen. Vor ein paar Minuten war Klara losgezogen, wie immer etwas zu früh. „Ich muss für den Alten noch auf die Post!"

Als das Telefon erneut in ihren Ohren hallte, warf Helga einen verzweifelten Blick auf ihre Armbanduhr. Zwei Minuten vor fünf. Wieso passierte immer ihr so was?

Wenn sie ihren Bus noch bekommen wollte, sollte sie sich beeilen, gerade heute, wo es so wichtig war! Arthur, ihr neuer Freund, würde zum Abendessen kommen.

Das erste Mal!

Er hatte es bestimmt nicht notwendig, auf eine Sekretärin wie sie zu warten. Davon konnte er fünf an jedem Finger haben, sogar jüngere, hübschere, wenn er es darauf anlegte.

Seit langem hatte Helga sich wieder einmal so richtig verliebt. Als korpulente Fünfzigjährige hatte sie trotz ihres Einfallsreichtums nur schwer wieder einen Freund gefunden; und Arthur stellte wirklich einen absoluten Glücksgriff dar. Normalerweise waren Männer mit Eleganz und Charme in festen Händen, nur auf ein amouröses Abenteuer oder auf den Sparstrumpf der Angebeteten aus.

Arthur war nicht so einer. Der war ganz anders. Liebevoll! Großzügig!

Da war sie sich sicher.

Ein erneutes Gellen des Telefons riss sie aus ihren Gedanken. Mit der rechten

Hand machte sie eine wegwerfende Bewegung. Sie würde es einfach ignorieren und sich stattdessen beeilen, nach Hause zu kommen.

Sie schlug die Tür des Tresors zu, schloss ab. Wie immer in den letzten Wochen hatte sie vorsorglich dieses ominöse Geld gezählt. Diesmal waren es 20.000 Euro, 3.000 mehr als vorgestern. Es war besser, wenn sie auf dem Laufenden blieb, nur für den Fall ...

Das beharrliche Klingeln schrillte erneut durch das Büro. Warum sprang dieser Anrufbeantworter nicht an? Himmel noch einmal! Sie blöde Kuh hatte ihn noch nicht eingeschaltet. Sollte sie vielleicht doch rangehen?

Und wenn es ihr Chef war, der einfach kontrollieren wollte, ob sie auch bis Punkt fünf im Büro blieb? Das war doch so ein Pfennigfuchser, wenn es um seine beiden Sekretärinnen ging.

Ihr Verhältnis war in der letzten Zeit merklich abgekühlt, seitdem sie ihm unmissverständlich mitgeteilt hatte, dass sie in seine dubiosen Geschäfte nicht verwickelt werden wollte. Und davon gab es einige.

„Welche dubiosen Geschäfte denn, Frau Siebert?", hatte er laut lachend gefragt. Erneutes Klingeln. Der Anrufer ließ nicht locker. Also gut! Sie würde sich kurzfassen und nur auf die Bürozeiten vom folgenden Tag verweisen. Wenn sie sich beeilte, konnte sie den Bus immer noch erreichen.

„Steuerkanzlei Schröder, guten Tag."

„Ich sprechen wollen mit Helga Siebert", sagte ein Mann mit stark osteuropäischem Akzent. Die Stimme kam ihr nicht bekannt vor.

„Am Apparat. Ich fürchte, Sie rufen etwas spät an. Die Bürozeiten sind von ..."

„Es gehen um dein Freund, Arthur. Du verstehen?"

Helga fühlte ihr Herz heftig bis hinauf zu ihrer Kehle pochen: hart, sehr schnell, hin und wieder einen Schlag auslassend.

Mit trockenem Mund fragte sie verunsichert nach: „Ist ihm was passiert?"

„Noch nicht! Er spielen, haben verloren große Geld. Er sagen, du ihm helfen. Du sein Freund."

In ihrem Kopf tauchte, wie ein Schiff im Nebel, eine Erinnerung auf: Arthur hatte ihr irgendwann erzählt, er treffe sich bisweilen mit Freunden zum Kartenspielen. Dass es dabei um Geld, viel Geld ging, hatte er allerdings nicht erwähnt. Sie fühlte, wie eine Unendlichkeit tiefer, ihre Beine anfingen zu zittern. Sie schluckte, fühlte einen feurigen Kloß im Hals ...

„Wie ... wieviel?", fragte sie unsicher.

„Zwanzigtausend."

Sie erschrak. „Was, soviel?" Dann fügte sie hastig hinzu: „Er wird Sie sicher zahlen. Er hat Geld genug."

Arthur war leitender Angestellter einer Export-Import Firma in der Stadt. Sie hatte natürlich vorsichtshalber seine Information überprüft, trotz Rolex und Luxuslimousine.

„Er wird Ihnen das Geld in den nächsten Tagen geben."

„Ich wissen, brauchen aber Geld sofort."

„Und was hat das mit mir zu tun?", versuchte sie es mit mehr Entschlossenheit. „Sie glauben doch selbst nicht, dass ich Ihnen zwanzigtausend Euro geben kann."

„Er sagen, du ihm helfen. Du haben das Geld."

Helga schwieg, überlegte: Konnte es nicht doch sein, dass ihr Arthur mit diesem Erpresser zusammenarbeitete, versuchte, sie um ihre Ersparnisse zu bringen? Unwahrscheinlich! Nicht in seiner Position. Selbst wenn er in finanziellen Problemen steckte, hätte er ganz andere Möglichkeiten, ohne Mitwisser an viel mehr Geld von ihr ranzukommen. Sie wäre längst eine völlig mittellose Sekretärin, wenn er es darauf anlegt hätte, sie auszunehmen. Es musste sich um eine vorübergehende finanzielle Verlegenheit handeln. Alles andere machte wirklich keinen Sinn.

„Kann ich einen Augenblick mit Arthur sprechen?"

„Nicht können. Er im Keller bis Geld hier. Du bringen!"

Helga überlegte, zögerte. Zwanzigtausend Euro waren viel Geld.

Der Mann drängte. „Du nicht zahlen, er tot! Du rufen Polizei, er tot! Du zahlen, kein Problem!"

Trübe Gedanken irrten durch ihren Kopf. Es fiel ihr schwer, sich auf die Verhandlungen mit diesem Halunken zu konzentrieren.

„Bis wann brauchen Sie das Geld?", fragte sie vorsichtig.

„Du zahlen sofort."

„Das geht nicht. Die Banken sind bereits geschlossen. Morgen?"

„Du Geld haben. Du morgen zurücklegen."

Wusste der Mann von dem Geld im Tresor? Woher? Sie hatte selbst erst vor wenigen Wochen herausgefunden, dass ihr Chef Schwarzgeld für zwei anonyme Kunden in Liechtenstein anlegte.

Sie nickte, erinnerte sich, dass sie einmal Arthur gegenüber erwähnt hatte, dass bisweilen große Summen – genauere Angaben hatte sie auch ihm gegenüber nicht gemacht – im Tresor lagen, die dann auf dunklen Wegen in dieses Steuerparadies geschafft wurden. Ihr Freund war weder schockiert über die illegalen Machenschaften, noch sonderlich beeindruckt über die bedeutenden Summen, die drei-, manchmal viermal in der Woche im Tresor lagen.

„Du einverstanden?", unterbrach der Mann ihre abschweifenden Gedanken.

„Sie lassen Arthur frei und ich gebe Ihnen dann das Geld. Einverstanden?"
„Nein! Du bringen Geld! Dann Arthur frei!"
„Wohin soll ich es bringen?", gab sie nach. Sie hatte eingesehen, dass ihre Verhandlungsversuche bei diesem Ganoven alles andere als Sinn machten.
„Du Geld in deine Tasche. Dann nehmen Bus zu dir nach Hause. Viertel vor sechs. Du aussteigen Goethestraße. Deine Tasche du lassen stehen. Ich finden."
Woher kannte er alle diese Details?
Von Arthur?
Nicht sehr wahrscheinlich.
„Und wenn ein anderer Fahrgast die Tasche nimmt?"
„Du kein Angst. Ich aufpassen."
Und wenn das alles nur ein übler Trick von einer Bande war? Verbrecher, die sie schon länger beobachteten. „Und woher weiß ich, dass das alles stimmt."
„Arthur sagen, mein Schmuserl helfen."
‚Mein Schmuserl!´ So nannte er sie wirklich, wenn sie sich trafen.
Was auch immer dahintersteckte, gut vorbereitet war der Mann, wusste auf jeden Fall auf alle ihre Fragen eine Antwort.
Helga warf einen fahrigen Blick auf ihre Uhr: Elf nach Fünf. „Gut, ich bringe das Geld."
Erst in dem Augenblick als sie den Hörer auflegte, fiel ihr die Erklärung auf ihre Fragen ein.
Dicke Tränen liefen ihre Wangen herab. Ihre Füße gaben nach und sie sank auf den Stuhl, auf dem normalerweise die Klienten ihres Chefs Platz nahmen.
Sie schluchzte laut.
„Helga, dein Heulen bringt gar nichts!" Sehr aufmunternd klang ihr eigener Zuspruch nicht.
Dann fiel ihr die Technik ihrer Entspannungsübungen ein. Sie atmete tief ein und aus, ein und aus, folgte mit ihrer ganzen Aufmerksamkeit dem Fluss ihres Atems. Sie wurde ruhig, wischte sich die Tränen aus dem Gesicht.
Die machten keinen Sinn!
Dann fiel ihr plötzlich etwas ein. Ihre rechte Hand ballte sie zu einer Faust. Sie würde sich rächen! Genauso gemein, genauso skrupellos!
Na warte!
Intuitiv hatte bereits ein Plan in ihrem Kopf Konturen gewonnen. Erneut schaute sie nach der Zeit. Wenn sie sich beeilte, konnte sie es noch schaffen. Entschlossen setzte sich Helga an den Schreibtisch ihres Chefs, nahm ein Blatt Papier und einen Schreibstift. In den nächsten Minuten flog der Stift nur so über das Papier. Sie machte sich nicht die Mühe, es nochmals durchzulesen.

Dazu blieb sowieso keine Zeit, sie musste noch ein Telefongespräch führen.

Jetzt, nachdem Helga eine Entscheidung getroffen hatte, zögerte sie keinen Moment, nahm nach ihrem Gespräch alle Scheine aus dem Tresor. Sie betrachtete einen Moment das Bündel, steckte es in ihren Mantel und das beschriebene Blatt in ihre Umhängetasche, jagte los, knallte wütend alle Türen hinter sich zu, ohne bei ihrem überstürzten Aufbruch daran zu denken, dass sie dieses Büro, in dem sie mehr als zwanzig Jahre gearbeitet hatte, nie wieder betreten würde.

Na warte, du wirst etwas erleben!

Keuchend erreichte sie gerade noch ihren Bus. In der Goethestraße stieg sie aus, ließ die Tasche auf ihrem Sitz liegen. Beim Aussteigen sah sie aus den Augenwinkeln noch, wie ein Mann, der gerade eingestiegen war, sich auf ihren Platz setzte. Egal! Dieser Kerl war nichts als eine weitere Schachfigur, war gewiss nicht die graue Eminenz in diesem Spiel.

Helga Siebert konnte sich diesen Drahtzieher deutlich vorstellen, wie er später vergeblich die Tasche nach dem Geld durchsuchte, ihre kleine Nachricht mit ungläubigem Gesicht las. Ein breites Grinsen machte sich auf ihrem Gesicht breit, als sie sich dessen Reaktion vorstellte.

Es war doch alles anders gelaufen, als er es geplant hatte.

Den Inhalt des Briefes hatte sie im Kopf:

Sehr geehrter Herr Schröder,

haben sie wirklich geglaubt, ich nehme das Geld aus ihrem Tresor und spiele es wieder in Ihre Hände? Ich kann mir den Rest Ihres Plans leicht denken. Sie wären am Abend noch einmal in ihr Büro gekommen und hätten ‚zufällig' entdeckt, dass das Geld verschwunden ist.

Der Polizei hätten sie erklärt, dass nur ich für diesen Diebstahl infrage käme. Meine Fingerabdrücke wären am und im Tresor gefunden worden, was ihre Behauptung noch zusätzlich belegt hätte. Ich wäre auf jeden Fall für die nächsten Jahre wegen Diebstahls in einem Gefängnis verschwunden, niemand hätte mir geglaubt, dass Sie krumme Geschäfte machen.

Seitdem ich Ihnen gesagt habe, dass ich bei Ihren dubiosen Machenschaften nicht mitmache, haben sie darüber nachgedacht, wie sie mich – ohne Abfindung natürlich – schnell loswerden konnten? Es dürfte kaum ein Problem dargestellt haben, ihre beiden ‚Klienten' zu überzeugen, bei Ihrem Plan mitzumachen. Sie brauchten ja nur durchblicken zu lassen, dass ich zu viel von ihren Geschäften weiß.

Einer ihrer sauberen Freunde bekam den Auftrag, mich anzurufen und das Geld im Bus zu holen, nicht wahr? Der andere musste meinen neuen Freund Ar-

thur spielen. Sagen Sie ihm, ich wäre fast drauf reingefallen. Eine Gemeinheit, für die sie alle bezahlen werden! Verlassen Sie sich darauf!

In den vergangenen Wochen habe ich sicherheitshalber ein paar Belege für Ihre ‚Tätigkeiten' mit diesen Herrschaften gesammelt, nur falls sie auf die Idee kommen sollten, sich immer noch an die Polizei wenden zu wollen. Die Überweisung des Geldes von ihrem Liechtensteiner Konto auf mein eigenes hatte ich für den Notfall ebenfalls vorbereitet. Wenn Sie diesen Brief lesen, ist das Geld von Liechtenstein bereits auf mein Konto unterwegs.

Das Geld aus dem Tresor wird die Kosten für meine sofortige Flucht finanzieren. Betrachten wir diese Zuwendungen als freigiebige Entschädigung und den Versuch der Wiedergutmachung für meinen Liebeskummer.

Mit wirklich dankbaren Grüßen.

Helga Siebert

PS: Sie wollen noch wissen, wieso ich so sicher sein kann, dass Sie die graue Eminenz hinter dem gemeinem Spiel sind? Sie waren der Einzige, der wusste, dass heute genau Zwanzigtausend im Tresor lagen. Den Rest konnte ich mir dann leicht zusammenreimen.

Schreibtischtäter

© Ursula Heinrich

„Klingt nach einem simplen Job, das übernehmen wir." Wolf griff nach der Wodkaflasche, nahm einen Zug und schob die Flasche seinem Freund zu.

Max fasste danach, das Dröhnen in seinem Hinterkopf ignorierte er. Die Nacht war lang gewesen, der Flüssigkeitspegel in der Flasche stark gesunken. Er beäugte das angebissene Käsebrot, das vor ihm auf dem Tisch lag und schob es zur Seite. Mit den harten, aufgebogenen Ecken sah es alles andere als appetitlich aus. Max rieb sich die Augen, gähnte und rutschte mit dem Sessel näher an den Bildschirm heran. Er las noch einmal, was *schreibtischtäter@uni.com* geschrieben hatte.

„Komm, antworte schon.", drängte ihn Wolf. „So eine Gelegenheit kriegen wir nicht so bald wieder."

„Hey, jetzt warte mal. Das ist zu gut, um wahr zu sein. Keiner ist so dämlich. Der sucht doch nicht wirklich übers Internet…"

„Oh doch. Ich habe es dir ja gesagt. Dieser Chatroom ist voll mit Verrückten. Also los, jetzt antworte schon."

Wolf war vor zwei Stunden gegangen, das Kopfweh war geblieben. Max legte den Kopf in den Nacken und stierte an die Decke. Das Ziehen und Stechen verlagerte sich von der Schläfe ein Stück nach hinten. Übel war ihm außerdem.

Das Mittagessen hatte er nicht angerührt. Scampi aus der Tiefkühlbox. Als Lisa die bleichen, fischigen Maden ins heiße Fett hatte gleiten lassen, hatten seine Magennerven zu vibrieren begonnen. „Wer saufen kann, kann auch leiden", hatte Lisa gemeint, bevor sie die Wohnung verlassen hatte.

Langsam kippte er den Kopf nach vorne. Seine rechte Hand griff nach der Maus, er scrollte ein Stück weiter. In seinem Hinterkopf schlug jemand den Takt zu einem grauenvollen Marsch.

schreibtischtäter@uni.com – ob der sich inzwischen gemeldet hatte?

Er hatte. Und Max, der sich lieber auf dem Sofa zusammengerollt hätte, war sofort aufgebrochen. Nach all den hässlichen, verregneten Wochen war endlich Sommer und das Thermometer kletterte Tag für Tag auf über dreißig Grad. Die Gastgärten in der Innenstadt waren zum Bersten voll. Max' Blick streifte die Menschenmenge, die an wackeligen Holztischen Platz genommen hatte. Wer war der „Schreibtischtäter"?

Nur drei Personen saßen alleine an einem Tisch. Die aufgetakelte, ältere Dame schied er aus. Die Stimme am Telefon war männlich gewesen. Somit blieben zwei weitere Gäste, einer davon ein sportlicher junger Mann mit bis zur Schulter hochgekrempelten Ärmeln. Von einem solchen Bizeps konnte Max nur träumen, trotz Hanteltraining. Bestimmt schluckte der Kerl Anabolika so wie andere Pfefferminzbonbons. Der Sportler blätterte gelassen in einem Magazin.

Der Mann am Telefon hatte ängstlich geklungen, schüchtern und nervös. Max ließ den Blick weiterschweifen. Wenn die Telefonstimme auf jemanden passte, dann auf den Typ im Ringelshirt, der unruhig an seinem Kaffee nippte und in einem fort nach links und rechts schielte. Er hatte etwas von einem verbummelten Studenten an sich. Was an der runden Nickelbrille liegen konnte oder an dem kümmerlichen Bärtchen, das auf seinem Milchgesicht nicht sprießen wollte.

Max trat an dessen Tisch heran.

„Oh verdammt!"

Das war die Stimme! Max erkannte sie augenblicklich wieder.

Mit fahrigen Bewegungen stellte der Mann sein Cafe Latte-Glas auf, das er vor Schreck glatt umgestoßen hatte. Kaffee tropfte durch die Ritzen des Tisches auf seine Schlabberjeans. Die dünne Papierserviette, mit der er daran rieb, zerpflückte sich in kleine weiße Fetzchen.

Max zog einen Sessel unter dem Tisch hervor, vergewisserte sich, dass sich dort keine Kaffeepfütze angesammelt hatte und setzte sich.

„Sie haben mich kontaktiert."

Der Mann zögerte.

Kniff der jetzt?

Nein: „Murder Incorporated?"

Max schwieg.

„Das … das war doch das Kennwort, oder? Ich habe… ich habe Ihnen eine Mail geschickt."

„Schreibtischtäter?"

Der andere nickte. „Ich dachte, das wäre irgendwie … irgendwie originell."

War es auch. Max schwieg weiter.

„Ihr Angebot, das steht noch?"

Max winkte den Kellner beiseite, der auf den Tisch zugesteuert kam.

„Das kommt darauf an."

„Worauf?"

„Was Sie mir bieten können."

„Im Moment ist es nicht … nicht so günstig … ich bin nicht flüssig … noch nicht … aber wenn ich erst das Erbe habe …"

Der „Schreibtischtäter“ lief rot an. „Wissen Sie … mein Vater ist schon alt, beinahe achtzig, und auch nicht mehr bei bester Gesundheit …“

Der Kerl wollte seinen Vater umbringen lassen, okay. Aber dafür eine lahme Entschuldigung zu suchen, das war feige!

„Ich brauche schon mehr Details.“

Stefan „kein Nachname bitte“ war tatsächlich Student und hatte mit Aktien spekuliert. Weil das schnelleren Wohlstand versprach als auf die Früchte seiner akademischen Karriere zu warten. Es war dann wirklich schnell gegangen. Nur wenige Wochen bis zur völligen Pleite. Aus lauter Verzweiflung hatte er sich Geld geliehen. Erst bei der Bank, dann bei weniger vertrauenswürdigen Institutionen. Die Zahlungen waren längst fällig. Überfällig eigentlich. Das machte ihm nun Angst.

„Ich bin, wie soll ich sagen, in einer Notsituation. Ich weiß nicht weiter. Können Sie mir helfen?“ Er wischte sich mit dem Handrücken den Schweiß von der Stirn.

„Schon möglich.“

„Wenn Sie … wenn Sie mir nicht helfen können, dann muss ich mich anderweitig umsehen.“

„Ein guter Rat, Sie plaudern zuviel. Aber keine Sorge, ich melde mich.“

Max schlenderte an dem Kellner vorbei, der ihm pikiert nachblickte. Max grinste ihn an. Er hatte keine Zeit, etwas zu konsumieren. Es gab zuviel zu tun. Der Countdown lief.

Eine knappe Woche später war es soweit.

„Rechts ran.“

Der Schreibtischtäter kurbelte zu stark am Lenkrad, die Felgen scheuerten den Randstein entlang.

„Ein Glück, dass das nicht mein Wagen ist.“

„Nicht Ihr…?“ Der Schreibtischtäter riss an der Handbremse bis sie krachte.

„Wäre doch dämlich, falls jemand den Wagen sieht.“

Max knöpfte gemächlich seine Jeansjacke auf.

„Und falls jemand mich sieht?“ Der Schreibtischtäter hielt die Bremse so fest umklammert, dass seine Knöchel weiß hervortraten. Als Max die Waffe aus dem Halfter zog, zuckte er zusammen.

„Was mache ich wenn mich jemand sieht, wenn …“

„Unwahrscheinlich.“

Mit geübter Bewegung steckte Max den Schalldämpfer auf die Pistole. Unwillkürlich rückte der Schreibtischtäter von ihm ab.

Max hatte die letzten Tage genützt, um die Gegend auszukundschaften. Er ließ den Blick über die Sackgasse schweifen, an deren Ende sie geparkt hatten. Die Villa lag hinter der mannshohen Mauer verborgen. Nur das oberste Stockwerk, wo hinter einem Fenster ein Fernseher flimmerte, war von der Straße aus zu sehen. Die nächsten Häuser, ebenfalls von Gärten umgeben, lagen mehrere hundert Meter entfernt.

„Da müsste schon einer mit dem Feldstecher auf der Lauer liegen, um Ihr Gesicht zu erkennen. Machen Sie sich nicht ins Hemd. Aber wenn Sie wollen, können wir die Sache abbrechen. Andernfalls geben Sie mir jetzt den Schlüssel."

„Ja. Ja, doch." Der Schreibtischtäter kramte in seiner Jackentasche. Seine Finger schwitzten, als er Max den Schlüssel reichte.

Max stieg aus. Die dicken Gummisohlen dämpften das Geräusch seiner Schritte. Der Schlüssel glitt wie geölt ins Schloss, beinahe lautlos öffnete sich das Metalltor.

Die Villa war ein Neubau und mit einer ultramodernen Alarmanlage ausgestattet. Max verkniff sich ein Lächeln, immerhin kannte er den Code. Der Auftrag war fast schon zu einfach. Es gab nur ein einziges Risiko. Hoffentlich stand der Feigling noch vor dem Tor, wenn Max das Haus verließ.

23 Uhr 14. Keine zehn Minuten hatte er gebraucht. Alles war gelaufen wie geplant. Max riss die Autotür auf und ließ sich auf den Beifahrersitz fallen:

„Losfahren!"

Der Schreibtischtäter reagierte nicht sofort. Dann aber ließ er den Motor aufheulen und die Kupplung stottern, bevor er knirschend einen höheren Gang einlegte. „Ist er … ist er … ist die Sache denn erledigt?"

„Ging alles wie am Schnürchen." Max lehnte sich zurück.

Eiernd bog der Wagen aus der Sackgasse ab in die breite Vorfahrtstraße. Die Bremsen quietschten. Mit einem Gurgeln starb der Wagen ab. Max wurde vorgeschleudert, der Gurt schnitt ihn in Hals und Schulter. Blaues Licht sickerte durch die Scheiben ins Wageninnere.

„Oh Gott, oh Gott, oh Gott!" Der Schreibtischtäter nahm den Fuß von der Bremse. Seine Stimme überschlug sich. „Oh Gott, was soll ich tun? Soll ich … soll ich Gas geben?"

„Auf keinen Fall." Max löste den Gurt und holte die Pistole aus dem Schulterhalfter. Zwei Polizeiwagen versperrten die Straße.

„Das ist aber… die können doch nicht wissen…"

Max deutete in Richtung Fensterscheibe. „Runterfahren."

Der Schreibtischtäter drückte auf den Knopf. Nichts geschah. Von draußen schob sich die Silhouette eines Mannes ins Bild. Der trug zwar Zivil, hielt aber seine Dienstmarke in der Hand. Zwei uniformierte Beamte hatten dahinter Aufstellung genommen.

„Motor starten.“ Max atmete tief durch. Nur nicht im letzten Moment die Nerven verlieren. Endlich glitt die Scheibe nach unten.

„Hände aufs Lenkrad!“, bellte der Mann in Zivil.

Der Schreibtischtäter schluckte und warf einen Seitenblick auf Max. Genau in die Mündung von dessen Pistole.

„Hände aufs Lenkrad!“, befahl nun auch Max. Und zu dem Polizisten am Autofenster sagte er: „Hallo Wolf.“

Der grinste. „Hätte nicht gedacht, dass die Memme das tatsächlich durchziehen will. Sein Alter wartet übrigens vorne im Wagen. Der war total schockiert. Hat gemeint, jetzt wird der Wunderknabe erst einmal enterbt. War übrigens auch ein Fressen für die Jungs in Uniform. Die haben Wetten darauf abgeschlossen, ob unser Plan Erfolg hat. Jetzt wissen sie wenigstens, was wir so alles drauf haben“

Na ja, gestand Max sich ein, Glück hatten sie schon gehabt. Und einen naiven Auftraggeber. Trotzdem, ihr Einsatz hatte sich gelohnt. Und die SOKO Internet hatte endlich einmal den Schreibtisch verlassen.

Wolf lehnte sich durchs Fenster.

„Blöd gelaufen, mein Junge ... wenn du auch ausgerechnet die Polizei mit einem Mord beauftragst ...“

Auch Reinlichkeit kann töten

© Martina Sprenger

Die Stimme der Frau klang verwaschen, als hätte sie geweint: „Ich weiß, dass es schon spät ist. Aber Sie müssen kommen. Bitte, Herr Doktor! Es ist dringend."

Herbert Lechner unterdrückte eine scharfe Antwort. Jedes Mal war es dringend, jedes Mal ging es um Leben oder Tod, wenn ein Patient oder ein Angehöriger ihn mitten in der Nacht aus dem Schlaf klingelte. Die Uhr im Wohnzimmer zeigte drei Minuten nach vier.

„Ich bin in einer halben Stunde bei Ihnen, Frau Möller", sagte Lechner und stellte das Telefon zurück in die Ladestation. Er ging ins Schlafzimmer hinüber, um sich Hose und Hemd anzuziehen. Die Tür des Kleiderschranks knarrte. Seine Frau fuhr auf und starrte ihn mit verquollenen Augen und verstrubbeltem Haar an.

„Frau Möller hat angerufen", erklärte Lechner. „Ihrem Schwiegervater geht es schlecht. Leg dich wieder hin und schlaf weiter."

Frau Lechner nickte, schloss die Augen und fiel rücklings auf das Bett zurück. Lechner griff ein ungebügeltes Hemd und eine Hose und zog sich um.

Frau Möller sah bleich und abgezehrt aus. Dunkle Ränder lagen um ihre eingefallenen Augen. Ein Netz von tiefen Falten durchzog ihre schuppige Haut. Die jahrelange Pflege ihres alzheimerkranken Schwiegervaters hatte ihr Kraft und Lebensmut geraubt. Doch trotz Lechners beständigem Zureden weigerten sie und ihr Mann sich standhaft, den alten Mann in ein Pflegeheim zu geben. Lechner legte der am ganzen Körper zitternden Frau behutsam eine Hand auf die magere Schulter.

„Jetzt erzählen Sie mir erst einmal ganz genau, was es mit dieser Erkrankung auf sich hat", sagte er. „Je besser ich Bescheid weiß, desto schneller kann ich Ihrem Schwiegervater helfen."

Frau Möller brachte ein gequältes Lächeln zustande.

„Vor zwei Tagen klagte Tobias nach dem Mittagessen über Magenschmerzen. Ich nahm an, dass er sich nur den Magen verdorben hätte. Sie wissen ja wie zehnjährige Jungen sind. Nie haben sie genug Zeit und immer schlingen sie ihre Mahlzeiten hinunter. Doch dann bekam er am Nachmittag Durchfall und am Abend wurden erst mein Mann und anschließend mein Schwiegervater krank. In der Nacht erwischte es auch mich. Tobias und mein Mann sind schon

wieder obenauf. Auch mir geht es wieder besser. Nur mein Schwiegervater …"
Frau Möller schluchzte auf und Lechner tätschelte ihr begütigend die Schulter. „Ihr Sohn hat einen Erreger aus der Schule eingeschleppt. Ihr Schwiegervater ist alt und körperlich geschwächt, da ist es nicht überraschend, dass die Erkrankung ihm besonders zusetzt. Ich gehe jetzt zu ihm hinein und untersuche ihn. Wären Sie so lieb, mir eine Tasse Kaffee aufzubrühen?"
Frau Möller nickte und verschwand in der Küche. Es würde sie beruhigen, wenn sie etwas zu tun hatte, auch wenn es nur das Aufsetzen einer Kanne Kaffee war. Lechner öffnete die Tür zum Zimmer des alten Mannes und trat leise ein. Sein Patient lag auf dem Rücken und schnarchte mit geöffnetem Mund. Lechner schaltete die Lampe auf dem Nachttisch an. Der alte Mann hob mühsam die Augenlider und verzog seine rissigen Lippen zu einem kläglichen Lächeln. Seine Gesichtszüge waren eingefallen und die Haut dünn und trocken wie Papier.
„Herr Doktor!", flüsterte er. „Wie schön, dass Sie mich besuchen kommen."
„Ich muss doch sehen, wie es um meine Patienten steht", antwortete Lechner betont heiter, um den alten Mann nicht zu beunruhigen. Er zog sich einen Stuhl an das Bett und befestigte die Manschette des Blutdruckmessgeräts an dem dünnen Oberarm des Kranken. Der Blutdruck des alten Mannes war niedrig, aber noch im Bereich des Normalen, sein Puls beschleunigt. Lechner verstaute das Blutdruckmessgerät wieder in seiner Arzttasche. Der alte Mann schloss die Augen und schnarchte sofort weiter. Er wirkte entkräftet, doch sein Zustand war nicht lebensbedrohlich.

„Kein Grund zur Sorge", sagte Lechner und nahm die Tasse mit dampfenden Kaffee entgegen, die Frau Möller ihm in der Küche reichte. „Ihr Schwiegervater hat viel Flüssigkeit verloren und ist entsprechend geschwächt. Sorgen Sie dafür, dass er regelmäßig trinkt, am besten ungesüßten Tee. Ich lasse ihnen ein Paket Immodium akut hier. Geben Sie ihm drei Mal täglich davon, je eine morgens, mittags und abends, dann wird er bald wieder auf den Beinen sein."
Frau Möllers Augen füllten sich mit Tränen. „Entschuldigen Sie bitte, Herr Doktor, dass ich Sie mitten in der Nacht hergerufen habe. Aber ich war so besorgt. Den ganzen Abend wirkte mein Schwiegervater völlig apathisch und vor einer Stunde hatte er noch einmal starken Durchfall."
„Schon gut, Frau Möller", brummte Lechner, „schon gut. Dafür bin ich ja da."

Der nächste Anruf kam zwei Tage später. Lechner war gerade auf dem Weg ins Badezimmer, um sich die Zähne zu putzen und seinen Schlafanzug anzuziehen, als das Telefon klingelte. Vier Minuten nach elf. Lechner seufzte und nahm das Telefonat an.

„Sie müssen sofort kommen!“ Die Stimme von Herrn Möller klang panisch. „Ich glaube, mein Vater liegt im Sterben. Er wacht nicht mehr auf und sein Atem ist ganz flach.“

Lechner war alarmiert. „Ich bin schon unterwegs.“

Nachdem der Krankenwagen mit dem alten Mann und dem Notarzt abgefahren war, setzte sich Lechner zu Frau Möller und ihrem Mann in die Küche. Tobias hatte trotz des Lärms und der Unruhe weitergeschlafen. Frau Möller weinte lautlos und Herr Möller starrte auf den unaufgeräumten Küchentisch, ohne etwas zu sehen.

„Sie brauchen sich keine Vorwürfe zu machen“, sagte Lechner beschwörend. „Ihr Schwiegervater hatte schon seit Jahren Probleme mit Wasser in Lunge und Herzen. Da kann es passieren, dass eine harmlose Erkrankung dem Körper so zusetzt, dass das Immunsystem sie nicht mehr bekämpfen kann. Er ist jetzt in den besten Händen. In unserer Klinik wird für ihn getan, was menschenmöglich ist.“

Frau Möller stand auf und brachte ihn zur Tür. Schwerfällig stieg Lechner die Treppe hinunter. Hätte er nicht vor zwei Tagen merken müssen, wie schlimm es um den alten Mann stand?

„Dein Patient ist heute morgen um zehn Uhr gestorben“, sagte Paul Bormann, Oberarzt in der allgemeinmedizinischen Abteilung des städtischen Klinikums. „Tut mir leid, aber wir konnten nichts mehr für den alten Mann tun.“

Die Hand, in der Lechner den Telefonhörer hielt, zitterte. „Meine Güte, ich war noch in der Nacht zum Dienstag bei den Möllers. Es hätte mir auffallen müssen, wie ernst der Zustand des alten Mannes war.“

„Dich trifft keine Schuld“, antwortete Bormann. „Du weißt doch selbst, wie gefährlich der Verlauf selbst einer harmlosen Erkältung bei einem alten oder chronisch kranken Menschen sein kann. Dein Patient war beides.“

„Mein Verstand sagt mir das auch“, sagte Lechner bedrückt. „Doch mein Gefühl erzählt mir etwas anderes. Wissen der Sohn und die Schwiegertochter schon Bescheid?“

Bormann schwieg einen Moment. „Frau Möller ist völlig zusammengebrochen. Ich musste ihr ein starkes Beruhigungsmittel verabreichen. Ihr Mann machte den Eindruck, als wollte er die Einrichtung meines Behandlungszimmers kurz und klein schlagen.“

„Ich werde den beiden morgen einen Kondolenzbesuch abstatten“, sagte Lechner. „Vielen Dank, dass du mich so schnell informiert hast.“

„War doch selbstverständlich. Übrigens, wir haben dem alten Mann ein paar Proben entnommen. Morgen früh müsste das Ergebnis vorliegen. Ich faxe dir als behandelndem Arzt den Bericht zu."

Es klickte in der Leitung. Bormann hatte aufgelegt. Lechner stellte den Hörer nachdenklich in die Station zurück.

Frau Möllers Augen waren vom Weinen rot und verschwollen. Sie hielt Lechner mit zitternder Hand ein Blatt Papier hin. Herr Möller fixierte den Arzt mit stechendem Blick und vor Wut geblähten Nasenlöchern.

„Was hat das zu bedeuten?", stieß Frau Möller mit heiserer Stimme hervor. „Können Sie uns bitte erklären, was dieses Schreiben hier soll?"

Lechner nahm ihr das Papier aus der Hand und überflog den Text. Das Schreiben des Gesundheitsamtes teilte den Möllers in umständlichem Amtsdeutsch mit, dass für den nächsten Tag ein Termin für eine Trinkwasserentnahme in ihrem Haus angesetzt war. Es wurde gebeten, den beiden Inspektoren des Amtes Zugang zu allen Wasserentnahmestellen zu gewähren.

„Ihr Schwiegervater hatte sich mit dem Bakterium Escherichia coli, auch E. Coli benannt, infiziert", erklärte Lechner. „Dieses Bakterium befindet sich normalerweise im menschlichen Darm. Wenn es in den Magen gelangt, kann es zu Durchfall und Erbrechen führen. In der Regel wird E.coli durch verunreinigtes Trinkwasser aufgenommen. Daher die Einschaltung des Gesundheitsamtes. Normalerweise verlaufen solche Erkrankungen harmlos, so wie bei Ihnen beiden und ihrem Sohn. Aber manchmal, bei alten und chronisch kranken Menschen …"

Frau Möller schluchzte trocken auf. Ihr Mann presste die Lippen zusammen, dass sein Mund nur noch eine dünne Linie bildete.

„Wenn ich etwas für Sie tun kann, scheuen Sie sich nicht, mich anzurufen", sagte Lechner hilflos in das Schweigen hinein. „Jederzeit."

Er erhob sich zögernd, warf einen letzten Blick auf die beiden verzweifelten Menschen am Küchentisch und verließ mit hängenden Schultern die Wohnung.

„E. Coli war nicht im Trinkwasser", sagte Lechner und stellte die beiden verschmutzten Teller vom Mittagessen in die Spülmaschine. „Die Inspektoren vom Gesundheitsamt haben alle Lebensmittel im Kühlschrank der Möllers überprüft, sogar den Inhalt der Mülltonnen. Es ist ein Rätsel, wie die gesamte Familie sich mit E.coli infizieren konnte."

„Na, ja, vielleicht ist es ja gar nicht so rätselhaft", überlegte Frau Lechner und wischte die Spüle trocken. „Frau Möller war seit Jahren mit der Pflege ihres Schwiegervaters überfordert. Sie musste dem alten Mann doch auch die Windeln wechseln? Bestimmt hat sie nicht darüber nachgedacht, dass sie so die Bakterien übertragen kann.“

„Das weiß doch jeder Erwachsene, dass man sich die Hände gründlich waschen muss, wenn man mit Fäkalien in Berührung gekommen ist!“

Lechner schüttelte den Kopf: „Das war so ziemlich das Erste, was meine Mutter mir als Kind beigebracht hat.“

Er legte eine Reinigungstablette in das entsprechende Fach der Spülmaschine und schloss die Klappe. Frau Lechner, die sich mit ihrer Schwiegermutter nicht gut verstand, verzog den Mund.

„Deine Mutter ist ja auch ein Muster an Reinlichkeit“, sagte sie spitz. „Sie stellt sogar jeden Tag die Seifenschale aus dem Badezimmer in die Spülmaschine.“

Lechner zog die Hand vom Startknopf und starrte seine Frau einige Sekunden mit offenem Mund an. Dann stieß er sie beiseite und stürmte durch die Küchentür.

„Wo willst du denn jetzt noch hin?“, rief Frau Lechner ihrem Mann nach.

„Ich muss was klären“, ertönte die Antwort aus dem Flur. Dann fiel die Wohnungstür fiel ins Schloss.

Lechner drängte die erstaunte Frau Möller zur Seite, nickte ihrem Mann zu, der in der Wohnzimmertür auftauchte und rannte durch den Wohnungsflur ins Badezimmer. Mit einer Toilettenbürste in der Hand schoss Lechner Sekunden später wieder heraus und hielt diese der verblüfften Frau Möller unter die Nase.

„Diese Bürste sieht so sauber aus“, keuchte Lechner. „Haben Sie die neu gekauft?“

„Was bilden Sie sich ein, Sie …“, schnaubte Herr Möller wutentbrannt, doch Lechner schnitt ihm das Wort ab.

„Also, Frau Möller, ist die neu?“

Die verhärmte Frau schüttelte den Kopf. „Nein, nein, die ist nicht neu. Weil sie so verdreckt war, habe ich sie doch nur in … oh, Gott, was habe ich nur getan!“

Sie brach ab, ihre Augen weiteten sich in schockartigem Erkennen und sie schlug die Hände vorm Gesicht zusammen.

Lechner beendete den Satz für sie: „Die haben Sie vor zwei Wochen doch nur in die Spülmaschine gesteckt ... “

Kaviar mit Piccolo

© Klaus Brunn

„Schauen Sie Olm, von dieser Brüstung ist der alte Erkerstein gestürzt."
„Und das einen Tag nach seinem achtzigsten Geburtstag."
„Nun, bei der Mischpoke hilft man sich schon mal gegenseitig beim Stürzen."
„Zehn Dosen Kaviar lagen um ihn herum. Sehen Sie da einen Sinn?"
„Wenn schon Mord, dann mit Stil. Sie haben die Kaviardosen bei der Spurentechnik abgeholt?"
„Keine Sorge, Chef, die sind im Kofferraum. Die Villa sieht ziemlich heruntergekommen aus."
„Olm, in so einer Gesellschaft passt sich der Besitz seinen Besitzern an."
„Ob die sich von verbeulten Dosen beeindrucken lassen?"
„Die beste Taktik ist die, Verdächtige mit Beweismaterial zu konfrontieren."
„Sie haben also schon Verdächtige im Visier."
„Olm! Erkerstein hatte zwei Söhne, beide verheiratet und drei Enkel, da gibt's Verdächtige genug. Den parkenden Autos nach zu urteilen, sind die alle hier."
„Wir sollten reingehen, die erwarten uns bestimmt schon."
„Dann mal los, klingeln Sie!"
„Sie scheinen wieder mal mehr zu wissen als ich."
„Davon können sie ausgehen, Olm."

„Guten Tag. Sie sind von der Polizei, nehme ich an."
„Und Sie sind?"
„Hans. Butler, Gärtner und Chauffeur in Personalunion."
„Olm, was sagt Ihnen das? Ein Hans für alles und nur 25-Watt-Birnen."
„Hier wird gespart."
„Geiz ist geil, würde ich sagen. Sagten Sie etwas, Hans?"
„Ich sagte, die Familie erwartet Sie in der Bibliothek.

Der Hausordinarius führte die Beamten ins Innere, öffnete eine Tür und kündigte den Besuch an: „Die Herren von der Polizei."
„Guten Morgen, die Herrschaften und die, die es noch werden wollen."
„Na, Sie sind einer von der vorlauten Truppe. Wenn ich mich vorstellen darf, mein Name ist …"
„Ich weiß, wer Sie sind: Matthias Mandrey, geborener Erkerstein. Warum treten Sie bei Golfturnieren eigentlich unter anderem Namen auf?"

„Es geht Sie zwar nichts an, aber Erkerstein klingt mir zu sehr nach Rittergeschlecht als nach modernem Sportsmann. Finden Sie nicht?“

„Was mich angeht und was ich finde, wird sich noch herausstellen. Bei den letzten Turnieren waren Sie nicht gerade erfolgreich. Ist das der Grund, dass Sie zurzeit eher in Spielcasinos anzutreffen sind?“

„Sie nehmen kein Blatt vor den Mund, Inspektor.“

„So ist es. Sie müssen Simon Erkerstein sein, haben Ihren Namen nicht abgelegt. Als Banker hat der Name wohl mehr Gewicht, wenn man das Vertrauen von Kreditinstituten gewinnen muss.“

„Nun gehen Sie zu weit, Inspektor. Wollen Sie etwa andeuten, mein Bruder und ich …?“

„Lass gut sein, Simon, es ist ja überall zu lesen, dass wir in Geldschwierigkeiten sind. Trotzdem haben wir nichts mit dem Tod unseres Vaters zu tun.“

„Olm, merken Sie was? Davon habe ich kein Wort gesagt und schon verteidigen die sich. Eine höchst wirkungsvolle Methode – quasseln lassen, irgendwann verraten die sich von selbst.“

„Geben Sie nicht zu viel Gas, Chef!“

„Dabei bin ich erst im zweiten Gang. Haben Sie die Kiste mit Dosen hier?“

„Natürlich. Hier sind die verbeulten Dinger.“

„Ich möchte darum bitten, dass die Kinder den Raum verlassen. Wenn die Damen so nett sind und ihrer Pflicht nachkommen!“

„Das ist doch die Höhe!“

„Frau Mandrey, Sie möchten doch nicht, dass Ihre Tochter im Internat plaudert ...?“

„Ich werde mich über sie beschweren.“

„Tun Sie das, hier ist meine Karte. Olm, stellen Sie die Kiste auf den Tisch dort. Herr Mandrey, geben Sie mir bitte Ihre Golfschläger, ich möchte prüfen, welcher davon zu den Beulen auf den Dosen passt.“

„Sarah, Ulrike, geht schon nach draußen. Nun, da wir unter uns sind, erklären Sie bitte, wie Sie darauf kommen, ich hätte etwas mit dieser albernen Doserei zu tun?“

„Das kann er nur von Elsa haben, Matthias.“

„Ach ja, Elsa, die Frau von Hans. Gut, dass Sie sie erwähnen, Herr Erkerstein. Elsa hat bei den Kollegen gewisse Andeutungen gemacht; an jenem Abend sollen eigenartige Dinge passiert sein.“

„Ich bitte Sie! Verschonen Sie mich mit Elsas abergläubischem Gerede.“

„Der Streit zwischen Ihnen und Ihrem Vater soll weniger abergläubisch geklungen haben, eher sollen unglaubliche Summen genannt worden sein.“

„Geben Sie bloß nichts auf das Geschwätz der Alten."

„Wir werden sehen. Olm, sagen Sie Hans bitte, seine Frau möchte sich in zehn Minuten im Zimmer des Verstorbenen einfinden. Zu Ihnen, Herr Mandrey. Wieso schleppen Sie eigentlich Ihre schweren Golfschläger mit sich herum? Vielleicht, weil man auf ein paar arme Dosen treffen könnte, die es zu erschlagen gilt?"

„Sie geben ja doch keine Ruhe, Inspektor. Ja, ich habe meinen Vater aufgesucht, weil ich mit ihm reden wollte. Aber er schaute nicht mal von seinen Kaviardosen auf. Da habe ich die Geduld verloren, einige der Dosen auf den Boden geworfen und vor lauter Zorn mit meinem Golfschläger auf sie eingeschlagen."

„Und dann haben Sie ihn gepackt, über die Brüstung gestoßen und die Dosen hinterher. So war es doch, oder?"

„Matthias, willst du dir das etwa gefallen lassen?"

„Keine Sorge, ich beabsichtige nicht, mir von einem…"

„Passen Sie auf, was Sie sagen! Aber nun sage ich Ihnen, was ich denke; das heißt, zuerst muss ich Ihnen etwas zeigen! Ach, Olm, da sind Sie ja wieder."

„Alles klar, Chef. Hans sagt Elsa Bescheid."

„Wunderbar, dann zur Sache. Sehen Sie diese Dose hier? Die Kriminaltechnik hat sie sich genau angeschaut. Aufgepasst! Abrakadabra, die Dose lässt sich in der Mitte aufdrehen. Treten Sie näher und schauen Sie, meine Herren."

„Das darf doch nicht wahr sein!"

„Nun, Herr Erkerstein?"

„Ein Samtkissen mit einer Vertiefung. Lag darauf etwa…?"

„Richtig, hier lag der in Silber eingefasste Sternsaphir im Wert von einer viertel Million Euro. Wollten Sie ihren Vater dazu überreden, den Stein zu verkaufen?"

„Aber Herr Inspektor, das sind doch alles nur Mutmaßungen."

„Na, ich sehe das so: Er wusste, Sie wollten wegen des Steins mit ihm reden und ließ sich von Elsa die Dosen bringen. Warum? Vielleicht wollte er den Stein bei sich haben – oder er konnte sich nicht mehr daran erinnern, in welcher Dose er ihn versteckt hatte. Auf jeden Fall schaltete er auf stur und Sie, Herr Mandrey, verlieren verloren die Geduld. Oder waren Sie es, Herr Erkerstein: ab über die Brüstung mit dem Alten? Aber wieso haben Sie die Dosen hinterhergeworfen? Und wo ist der Saphir, da wir gerade dabei sind: der ist nämlich verschwunden?"

„Meine Güte, er ist, aus welchen Gründen auch immer, auf die Brüstung geklettert und hat den Halt verloren. Keine Ahnung wie er das geschafft hat. Und wo der Stein ist, wüssten auch wir zu gern."

„Führen Sie mich bitte nun ins Zimmer Ihres Vaters. Ich würde gern mit Elsa reden."

„Dann folgen Sie uns mal."
„Na, was sagen Sie, Olm?"
„Chef, Sie hätten mich einweihen müssen."
„Tut mir leid, aber ich musste erst sicher sein."
„Da sind wir, meine Herren."
„Danke sehr. Guten Tag. Sie sind Elsa, nehme ich an. Bleiben Sie bitte sitzen."
„Olm, gehen Sie bitte auf die Terrasse und schauen Sie sich dort gut um."
„Herr Olm, Sie müssen die Tür einen Spalt offen lassen. Sie klemmt, vor allem bei feuchtem Wetter."
„Danke Elsa. Bis gleich, Chef."
„So, nun erzählen Sie bitte, was an jenem Abend passiert ist."
„Soll ich, wo doch die Herrschaften dabei sind?"
„Keine Angst, die tun Ihnen nichts."
„Nachdem ich dem Herrn die Dosen gebracht hatte, habe ich mich um den Kamin gekümmert. Auf einmal kommt der Matthias hereingestürzt, in seiner behandschuhten Hand hält er einen Golfschläger, was mir eigenartig vorkam."
„Zu Ihrer Information, Elsa, ich habe hinter dem Haus ein paar Schläge geübt."
„Matthias hat die Tür offen gelassen und kurz darauf habe ich gesehen, dass er wie von Sinnen…"
„Elsa, ich muss doch bitten!"
„Sie bitten niemanden. Das ist eine behördliche Aussage."
„Auf die Dosen hat er eingedroschen und der alte Herr brachte vor Angst kein Wort heraus. Matthias kam ins Zimmer zurück und ist wütend an mir vorbei gerannt. Bevor ich nachschauen konnte, kam der Simon. Auch die beiden haben sich gestritten, es war kaum auszuhalten."
„Aber Sie haben es ausgehalten und zugehört. Was haben die beiden denn so geredet?"
„Über Geld! Und der Simon hat gesagt, er solle ihn herausrücken, sonst würde ein Unglück geschehen."
„Interessant. Erzählen Sie weiter!"
„Gerade als ich beschloss, mich zurückzuziehen, ich hatte noch zu bügeln, da … ach, es war zu schrecklich."
„Lächerlich. Wollen Sie das wirklich ernstnehmen?"
„Oh, ich nehme ernst. Würden Sie mich bitte mit Elsa allein lassen, Herr Erkerstein, Sie beeinflussen die Zeugin!"
„Das wagen Sie nicht!"
„Und ob ich es wage. Dort ist die Tür, bitte! Ja, Sie beide. So, Elsa, was genau haben Sie gesehen?"

„Einen Schatten. Und ein fürchterliches Kreischen war zu hören. Ich wusste nicht, was ich tun sollte. Sehen konnte ich nichts, da der Vorhang zugezogen war. Aber der Schatten wurde immer größer, der Alte hat was von *Teufelsbrut* geschrien und dann hat es so seltsam gescheppert. Als ich den Schrei hörte, bin ich weggelaufen. Das unheimliche Meckern klang beinahe wie ein gemeines Lachen. Manchmal glaube ich, es war der Teufel, der … wo gehen Sie hin?"

„Ich will mal schauen, was mein Assistent da draußen so lange macht. Danke, ich benötige Sie nicht mehr, Elsa."

„Gern geschehen, Herr Inspektor."

„Ich hoffe, Sie kommen der Aufklärung näher, wenn Sie mit dem Fernglas zu den Bäumen da drüben starren. Haben Sie sich hier umgesehen?"

„Hab' ich. Wissen Sie, was mir aufgefallen ist?"

„Olm, verzeihen Sie, dass ich unterbreche, aber ich glaube, Elsa hat tatsächlich einen …

„Ja, ich konnte alles mit anhören und habe etwas herausbekommen – auf eigene Faust."

„Immer noch verärgert, wegen den Dosen, was?"

„Vergessen Sie's, Chef, tun Sie mir den Gefallen und hören Sie mal."

„Ich höre nichts. Warten Sie, meinen Sie dieses abgehackte Meckern? Klingt richtig unheimlich, wie ein gemeines Lachen."

„Pica pica, kann ich da nur sagen."

„Olm, was quasseln Sie da von Piccolo?"

„Pica pica! Nehmen Sie bitte das Fernglas und sehen Sie in die Krone des Baumes dort. Ja, genau."

„Ist das der Vogel, der diesen Lärm veranstaltet? Soll ich den nun wegen Lärmbelästigung einsperren?"

„Warten Sie's ab. Weiter unten hat der Vogel sein Nest. Bitte stellen Sie auf Maximal. Was sehen Sie?"

„Verdammt, Olm, da ist ja…"

„Genau, und nun sage ich Ihnen, was an dem Abend passiert ist. Der Alte sitzt mit seinen Dosen am Tisch. Nachdem die missratenen Söhne, entschuldigen Sie, wieder weg waren, nimmt er den Stein aus der Dose, dreht sie wieder zu und legt ihn auf den Tisch. Kurz darauf fliegt pica pica, wie die Elster auf Lateinisch heißt, heran und …"

„Olm, bitte lassen Sie mir die Genugtuung, zu vollenden. Kurz darauf fliegt ihr Piccolo heran und schnappt sich den Stein. Der Alte, erbost, wirft mit seinen Kaviardosen nach dem Vogel und verfehlt sie. Wahrscheinlich hat der Vogel das Schmuckstück fallenlassen, es sich dann wieder geschnappt und der alte Herr humpelt mit den Konserven hinter der Elster her. Irgendwie hat er es geschafft, auf die Brüstung zu klettern und die restlichen Dosen nach dem Vogel zu werfen; dabei hat er das Gleichgewicht verloren und dann …"

„Vogel weg, Stein weg und Erkerstein weg."

„Alle Achtung, Olm."

„Ihre Mischpoke hat also eine saubere Weste."

„Aber nein, Olm, erkennen Sie die Zusammenhänge nicht?"

„Zusammenhänge? Chef? Die Elster hat den Stein."

„Die diebische Elster! Und die diebischen Söhne wollten den Stein ebenfalls haben."

„Soll das heißen, die Elster steckt mit denen unter einer Decke. Erklären Sie das mal einem Richter."

„Schon mal was von der Evolutionstheorie gehört, Olm? Tiere passen sich ihrem Umfeld an."

„Chef, bei allem Respekt, aber ich hoffe, dieser Richter passt sich in diesem Fall nicht seiner Exekutive an."

Hey, ab in den Süden!

© Ingrid Gertz

Sie zieht die Gardine ein winziges Stück beiseite und beobachtet, wie der weiße Mercedes hin und her rangiert, sich in die Lücke zwischen alter Platane und Straßenlaterne schiebt.

„Ich glob, der isses!"

Gertrud hat den fragenden Blick im Rücken gespürt und mit ihrer Antwort erlöst sie Eleonore von der lästigen Warterei.

Seit einer Stunde sitzt die alte Dame nun schon am Schreibtisch. Hockt steif in ihrem Rollstuhl und hätte viel lieber ihr gewohntes kleines Nachmittagsschläfchen gehalten.

Stattdessen muss sie hier in diesem Panoptikum ausharren, in dem jedes Möbelstück einfach nur finstere, in Eiche geschnitzte Bedrohung ist.

Pünktlichkeit scheint jedenfalls keine Tugend des Besuchers zu sein, der da gerade die Türglocke betätigt.

Bei Gertrud bricht der Aktionismus aus. Schnell richtet sie noch ein silbernes Löckchen, das sich aus Eleonores Dauerwellenhelm unerlaubt entfernt hat.

„Na, da müss mer nu offbassn."

An den fahrigen Bewegungen, mit denen Gertrud ihr das verrutschte Schultertuch richtet, spürt Eleonore die Nervosität ihrer Helferin.

„Das is'n richtcher Schnagnhascher. So ne dicke Karre! Kann doch im Leben nich mal sein' Anzug selber verdient ham', das Bübchen!", brummelt Gertrud vor sich hin.

Die Alte schmunzelt. Ein feines Mädchen, ihre Gertrud, aber schon etwas wunderlich. Immer diese Selbstgespräche ...

„Tu mir bitte einen Gefallen, Gertrud. Du erzählst ihm einfach nur die Sache mit dem nächsten Makler, ein bissel Druck muss man schon aufbauen. Ansonsten lass mich verhandeln. Meine Beine wollen zwar nicht mehr so, aber im Kopf bin ich noch ganz fit ... Glaub`s mir einfach und schnattre nicht dazwischen. Versprochen?"

Gertrud nickt kurz, zupft die Träger ihrer Schürze in Position und macht sich auf den Weg zur Haustür.

Wolf Schneider hat die Adresse endlich gefunden. Im Stillen verflucht er sein Navigationssystem, das ihn auf kürzestem Weg in die Kirschallee siebzehn hätte führen sollen, das aber mit diversen Bauarbeiten und den damit verbundenen

Straßensperrungen heillos überfordert war: „Bitte wenden, wenn möglich, bitte wenden!“, hat ihn das Ding mit penetranter Beharrlichkeit von einer Sackgasse in die nächste gelotst, bis Wolf ihm kurzerhand den Saft abgedreht hat. Ein Königreich für einen Stadtplan!

So hat er sich schließlich durchfragen müssen und liegt eine halbe Stunde hinter der verabredeten Zeit; kein guter Einstieg für sein Geschäft.

Der Anblick des Hauses besänftigt ihn ein wenig. An dieser großzügig geschnittenen Villa im Gründerstil kann man eigentlich nur verdienen. Alles ist etwas vernachlässigt, die graue Fassade mit den jahrzehntelangen Ausdünstungen des sozialistisch-industriellen Ballungsgebietes gestraft, aber schon der Vorgarten verspricht Idylle pur. Hier wuchern Günsel, Funkien, Geißbart und Astilben, begrüßen jeden Lichtstrahl, der seinen Weg durch das Laubwerk des alten Baumbestandes findet. Weil er sowieso schon zu spät dran ist, spart sich Wolf Schneider zunächst einen Blick hinter das Haus. Im Kataster steht, sein Gewährsmann hat ihm das versichert, Frau Breitenbachs Besitz mit dreitausend Quadratmetern zu Buche. Was für Möglichkeiten! Eine gute Viertelstunde soll es von hier aus zum Leipziger Zentrum sein. Wolf wittert Morgenluft. Das ist, ohne nochmal ganz genau hinsehen zu müssen, ein Nugget! Dieser Abschluss, das wär's! Nur noch der in diesem Jahr. Und dann – hey, ab in den Süden!

Mit einem Quietschen, das Wolf unangenehm direkt bis in die Zähne fährt, öffnet sich die schwere Tür. Ihn empfängt ein schon fast operettenhaft kostümiertes Hausmädchen. Mit weißem Häubchen auf schwarz-grau meliertem Haar, zugeknöpft bis knapp unters Kinn, steht die Frau so starr wie ihre brettsteif gestärkte Schürze.

Er fühlt sich in der falschen Zeit.

„Herr Schneider? Die Gnädige wartet schon.“

Wolf Schneider folgt der strahlend weißen Schürzenschleife über einen nicht enden wollenden Flur und findet seine Verhandlungspartnerin schließlich in dem riesigen, mit schweren Eichenmöbeln bestückten Arbeitszimmer, in dem sich die grüngedämpfte Atmosphäre des Gartens fortsetzt.

„Frau Breitenbach? Wir hatten telefoniert.“

Wolf stellt sich kurz vor, muss weit über den riesigen, blankgewienerten Schreibtisch reichen, bevor er ihr die Hand geben kann.

„Ich bin hier, um, wie besprochen, ein Angebot für den Verkauf Ihrer Villa zu machen. Darf ich mich vorher noch etwas umsehen?“

„Sicher dürfen Sie das, man will ja wissen, was man kauft. Gertrud wird Ihnen alles zeigen, mich entschuldigen Sie bitte.“ Eleonore deutet auf ihren Rollstuhl und gibt Gertrud ein kurzes Zeichen. Besorgt sieht sie dem sich entfernenden, ungleichen Paar hinterher.

„Fräulein?“ Etwas seltsam kommt Wolf diese Anrede schon vor. Wäre „Frau Gertrud“ angebrachter? Klänge sicher auch merkwürdig. Schweigend und schwerfällig ist sie die ganze Zeit vorneweg gestapft, hat ihm das Haus vom Keller bis zum Dachboden gezeigt. abschließend bekommt Wolf jetzt das hintere Grundstück zu sehen. Und wenn er bisher die solide Substanz der Villa immer erfreuter registriert hatte, ist der Makler einfach nur noch begeistert. Der Grund könnte sich vom Schnitt und von der Größe her zweiteilen lassen, mindestens... Die zentrumsnahe Lage im Grünen – eine Goldgrube würde das werden!

„Fräulein, mir gefällt, was ich gesehen habe. Muss natürlich noch ganz schön was reingesteckt werden, um das Ganze auf Vordermann zu bringen.“

Beide gehen den überwachsenen Gartenweg zurück in Richtung Haus.

„Wissen Sie vielleicht etwas über die Preisvorstellungen Ihrer Chefin? Soll nicht Ihr Schaden sein.“

Gertrud scheint auf finanzielle Angebote anzusprechen. Sie hält zum ersten Mal während der ganzen Besichtigungstour inne.

„Fünfhundert hat se gemeint, aber da kommt heut Abend noch'n Makler und da wird se sich dann wohl entscheiden, ne?“ Ohne mit der Wimper zu zucken, verstaut sie das rote Scheinchen wie selbstverständlich in ihrer Schürzentasche.

Wolf sitzt wieder im Arbeitszimmer und macht der scharf beobachtenden alten Dame sein Angebot. Wie er nun weiß, liegt das einen saftigen Hunderter über ihrer Erwartung. Ein recht ordentliches Agio, für das Frau Breitenbach, das hofft er jedenfalls, den nächsten Maklertermin absagen wird.

„ Alles in allem gefällt mir das Anwesen. Ich möchte Ihnen daher sechshunderttausend Euro anbieten.“

Eleonore schiebt den von Wolf vorbereiteten Vertrag unschlüssig von einem Spitzenhandschuh zum anderen. Der Bursche will sich das Geschäft anscheinend nicht entgehen lassen.

„Der Kaufpreis ist ja noch nicht eingetragen“, stellt sie fest. „Sagen wir achthundert.“

Aha, die Dame beliebt zu pokern! Schuster, bleib bei deinem Leisten! Wolf grinst in sich hinein. Er kriegt sie!

„Da werden Kosten für notwendige Baumaßnahmen fällig, nach meinen Erfahrungen kommen da leicht noch einmal zwei- bis dreihunderttausend zusammen. Die muss ich doch berücksichtigen! Achthundert sind eindeutig zu viel! Sechshundert.“

Eleonore windet sich: „Haben Sie denn überhaupt soviel Geld, junger Mann?"

Wolf Schneider kann reden, soviel er will, aber die alte Dame gibt nichts auf Sprüche. Sie hat es gerne handfest, bar auf den Tisch.

„Den ganzen Kaufpreis kann ich jetzt sofort nicht zahlen. Den lasse ich morgen nach der notariellen Beglaubigung anweisen. Würden es fünfzigtausend fürs Erste tun, um Ihnen die Ernsthaftigkeit meines Angebots deutlich zu machen?"

„Sofort? Ja, gut, dann schreiben wir nur sechshundertfünfzig aufs Papier, soweit komme ich dann entgegen. Mehr haben sie wohl nicht dabei? Was gleich fließt, muss ja im Vertrag nicht mehr dokumentiert werden, oder ...?"

Ihre schwache, brüchige Stimme klingt ihm wie Sirenengesang.

Bis Hunderttausend trägt Wolf bei Grundstücksgeschäften mit sich herum. Und bei dreieinhalb Prozent Grunderwerbssteuer, da sollte man schon mal nachdenken... Mit Hunderttausend Dreieinhalb gespart.

Der Anblick der Scheine, die Wolf jetzt, einen nach dem anderen, auf den Schreibtisch blättert, macht auch Frau Breitenbach gefügig.

Sie unterschreibt, sichtlich durcheinander, handschriftlich eingetragene Fünfhunderttausend.

Wolf ärgert sich kurz, die hätte doch jetzt alles unterschrieben! Dann summt er aber doch ganz zufrieden vor sich hin:

„Hey! Ab in den Süden! Der Sonne hinterher, hejo, was geht ..."

Eleonore hält ihr Gesicht in die sanft wärmenden Strahlen der untergehenden Sonne. Zu Hause herrscht jetzt nasskaltes Schmuddelwetter. Darauf kann sie verzichten. Ihren abgearbeiteten, gichtigen Händen bekommt der Aufenthalt hier auf der Sonnenseite des Lebens jedenfalls gut. Ihre Schmerzen sind weg. Da hätte man auch schon eher draufkommen können.

„Ob er sie gefunden hat?" Gertrud bringt ihrer Mutter den Wermut, auf den diese neuerdings aus „medizinischen Gründen" besteht.

„Du machst dir immer noch Gedanken." Eleonore seufzt leise. „Noch mal, Gertrud: Bestimmt hat er sie gefunden. Und er hat wohl inzwischen begriffen, dass sie ihm nichts unterschrieben hat. Wie auch, wenn sie mit Oberschenkelhals im Krankenhaus liegt!" Eleonore angelt sich ihre geliebte „Leipziger Volkszeitung", die sie auch hier auf Mallorca nicht missen wollte, vom Tisch.

„Sie hat sich über den unverhofften Besuch gefreut und mindestens eine Stunde von ihrer tollen Villa geschwätzt. Und ihm ganz im Vertrauen den Hausschlüssel gezeigt, den sie sicherheitshalber unterm Kopfkissen aufbewahrt."

Genüsslich nimmt Eleonore Skrodschik ein Schlückchen aus ihrem Glas.

„Das ganze Programm eben. Das macht sie doch mit jedem, der sich in ihr

Zimmer verläuft … Der feine Herr wird einen Teufel tun, seine Dämlichkeit an die große Glocke zu hängen! Und wem will er denn erzählen, dass da noch Hundert außer der Reihe geflossen sind? Dem Finanzamt?“

Damit ist Gertruds Gewissen nach Meinung der Alten genügend beruhigt. Eleonore blättert in ihrer Zeitung – lustlos, bis sie zum Anzeigenteil kommt:

„Trudchen, hier! Schau dir das an: '

Wir suchen für vorgemerkte, solvente Kunden ...'

Mach nicht so'n Gesicht, Gertrud! Wie lange willste denn in deinem Alter noch Bettpfannen durch die Gegend schleppen?“

Quid pro quo

© Frank Lauenroth

Angela starb an einem Freitag. Es geschah, wie es manchmal so nichtssagend heißt, aufgrund einer Verkettung unglücklicher Umstände. Kommissarin Angela Seubert war eine bildschöne Frau gewesen, was den Verlust – zumindest aus Männersicht – um so tragischer machte ...

Als sie an jenem Abend die Bar in der Nähe des Gendarmenmarktes betrat, umgab sie sofort die ihr wohlbekannte Stille. Dieser flüchtige Moment, in dem die anwesenden Herren ihre Präsenz bemerkten und dann irritiert weiter sprachen, weiter tranken, weiter lebten, als wäre nichts gewesen und sie doch fortan nicht mehr aus den Augen ließen. Angela genoss diese Momente. Im Beruf musste sie hart und zugeknöpft sein. Hier aber war sie einzig und allein Frau! Sie bestellte ein Glas Champagner und setzte sich an einen der wenigen freien Fenstertische. Angela war sich bewusst, an diesem Platz nicht nur visuelles Ziel der Männer in der Bar zu sein. Die bodentiefen Fenster gewährten selbst den Passanten außerhalb der Bar einen Blick auf ihre Schönheit. Sie lehnte sich zurück und wartete.

Als ihr Glas halb geleert und eine Viertelstunde verstrichen war, nahte der erste Wagemutige – argwöhnisch von seinen Konkurrenten beäugt.

„Guten Abend, Frau Kommissarin."

Die Vertraulichkeit dieser Anrede überraschte Angela. Der Mann vor ihrem Tisch war nicht sonderlich groß, keineswegs gut aussehend, doch strotzte er offensichtlich vor Selbstbewusstsein.

„Sollte ich Sie kennen, Herr …?"

„Korhagen, Guido Korhagen. Darf ich mich zu Ihnen setzen, Frau Seubert?"

Noch bevor Angela ihm das verwehren konnte, nahm er an ihrer Seite Platz.

„Ich will Sie nicht auf die Folter spannen. Es ist schon eine Weile her. Erinnern Sie sich an den Fall Rethmeyer?"

Angela rief ihn sich wieder ins Gedächtnis. Sybille Rethmeyer war eine gute Bekannte, die bis zum Tag ihres Todes in dem Ruf stand, die berüchtigtsten, nicht jugendfreien Partys der Stadt auszurichten. Guido Korhagen arbeitete als freischaffender Society-Fotograf und ging in dieser Eigenschaft bei Sybille Rethmeyer ein und aus. Auch in der Mordnacht war Guido geladener Gast. Als die Polizei – allen voran Kommissarin Seubert – eintraf, waren die Tote und der Fotograf allein in der Wohnung.

Ja, Angela entsann sich plötzlich wieder aller Einzelheiten:

„Sie waren der Hauptverdächtige!"

„Anfangs ja, aber wie Sie sich vielleicht auch erinnern werden, veränderte sich die Sachlage rasch ...“

„... als sich in ihrem Blut geringe Mengen eines Betäubungsmittels fanden.“

„Wenn ich Sie korrigieren darf, Frau Seubert, in meinem Blut fand sich eine ausreichende Menge des Betäubungsmittels, um mir ein perfektes Alibi zu garantieren.“

Langsam wurde es Angela leid, dass Guido Korhagen ihr die Zeit stahl. In dieser Bar gab es einige attraktive Männer, manche davon sogar allein! Doch solange der Fotograf an ihrem Tisch saß, würde sie kaum einen dieser Herren näher kennenlernen. Korhagen musste irgendwie verschwinden!

„Der Fall wurde nie geklärt, nicht wahr, Frau Kommissarin?“

Mit dieser Frage hatte Korhagen erstmals ihre volle Aufmerksamkeit.

„Wenn Sie über diesbezügliche Informationen verfügen, würde ich Sie am Montag zu mir ins Büro bitten.“

„Ich hatte in der Tat die Hoffnung, Sie würden mich zu sich einladen, doch nicht erst am Montag und schon gar nicht in Ihr Büro!“

Angela Seubert konnte Guido Korhagen nicht ganz folgen.

„Sehen Sie, ich bin nicht nur Fotograf, ich verfüge auch über ein fotografisches Gedächtnis. Als ich an jenem Morgen vor dem Eintreffen der Polizei aufwachte, da sah ich auf Sybilles Theke ein halbvolles Glas, einen Shaker und einen Seiher. Als ihre Kollegen mich weckten, war der Seiher jedoch verschwunden! Später erfuhr ich, dass Sybille an einem ‚White Lion' starb. Dieser Cocktail wird, wie Sie wahrscheinlich wissen, nach dem Shaken ins Glas geseiht.“

„Wenn ich Sie berichtigen darf: Sybille Rethmeyer starb an einem anaphylaktischen Schock.“

„Der seinerseits durch den ‚White Lion' hervorgerufen wurde oder vielmehr durch den darin enthaltenen Anteil an Orgeatsirup.“

Angela erwiderte nichts, sah Korhagen nur fragend an. Der kam der unausgesprochenen Aufforderung nur zu gerne nach:

„Sybille Rethmeyer reagierte hochgradig allergisch auf jegliche Form von Mandeln. Insofern konnte ein Spritzer Orgeatsirup – auch als Mandelsirup bekannt – tödlich wirken.“

„Für einen Unbeteiligten kennen Sie ziemlich viele Details.“

„Sicherlich nicht mehr als Sie, Angela.“

Kommissarin Seubert zwang sich, Korhagens neue Stufe der Vertraulichkeit zu überhören.

„Ich habe Akteneinsicht, aber Sie?“

„Natürlich habe auch ich meine Quellen, meine Liebe!“

Das zu überhören, fiel Angela deutlich schwerer.

„Nicht nur, dass Sie Ihr Alibi selber in Frage stellten, als Sie Ihren zwischenzeitlichen Wachzustand erwähnten, auch Ihre Kenntnis von Frau Rethmeyers Allergie scheint mir höchst suspekt. Davon haben sicherlich nur sehr wenige Personen gewusst ..."

„Wie zum Beispiel eine gute Bekannte von Sybille?"

„Wen meinen Sie, Korhagen?"

„Niemand geringere als Sie selbst, Angela! Sie erinnern sich an den Seiher? Ich konnte es mir lange Zeit nicht erklären, warum gerade dieser Cocktail-Filter plötzlich verschwunden war. Aber dann fiel mir ein, dass Sie an jenem Abend auch auf Sybilles Party anwesend waren."

Angela Seubert wollte Guido ins Wort fallen, aber er kam ihr zuvor:

„Bitte – beleidigen Sie nicht meine Intelligenz! Und vergessen Sie ebenso nicht mein fotografisches Gedächtnis. Sie waren an dem Abend dort! Ich erinnere mich gut, dass Sie damals eher unscheinbar gekleidet waren. Eigenartig genug, wenn ich Sie heute so ansehe ..."

„Korhagen, kommen Sie endlich zur Sache. Worauf wollen Sie hinaus?"

„Ganz einfach. Wenn ich unterstelle, dass Sie Sybille einen ‚White Lion' in voller Kenntnis ihrer Allergie ins Glas geseiht und mich durch einen Trick betäubt haben, dann entspräche das dem Tatbestand eines Mordes!"

Die Kommissarin reagierte gelassen: „Falls es Ihr Ziel war: Ich kann Ihnen eine blühende Phantasie bescheinigen."

„Interessant! Was werden Sie mir erst attestieren, wenn ich zum interessanten Teil komme: Dem Seiher! Denn wie ich bereits erwähnte, verschwand er auf wundersame Weise. Ich tippe folgendes: Sie haben Sybille den Drink gemixt und in das Cocktailglas abgeseiht. Als Sybille zusammenbrach, nutzten Sie die entstandene Aufregung, um Ihre Spuren an Glas und Shaker zu verwischen. Wahrscheinlich haben Sie einfach vergessen, dass der Abdruck Ihres Zeigefingers auf dem Seiher auf seine erkennungsdienstliche Überprüfung wartete. Sie mussten die Party ja schnell verlassen. Schneller noch, als die anderen ‚ehrenwerten' Gäste, die ihr Gesicht nicht im Zusammenhang mit der toten Rethmeyer in den Zeitungen des Folgetages verewigt wissen wollten."

Auf Angelas Gesicht zeigte sich zur Verwunderung Korhagens ein großmütiges Lächeln:

„Und wie bitte soll dann Ihre Ohnmacht Teil meines Planes gewesen sein?"

Als sie ‚meines Planes' sagte, zeigte sie Korhagen dazu die Geste für Anführungsstriche. Offensichtlich glaubte Angela, dass der Redefluss des Fotografen versiegen würde, doch hier irrte sie.

„Ich glaube, dass viele Menschen Sie unterschätzen. Eine schöne Frau kann nicht gleichzeitig klug sein, oder? Ich hingegen halte Sie für außergewöhnlich schlau. Sie hatten an alles gedacht, selbst an einen eventuellen Fehler Ihrerseits. Sie benötigten eine Ablenkung für Ihre Kollegen, als sie am Tatort eintrafen. Ich war diese Ablenkung! Sie konnten Ihre Kollegen zu mir beordern, während Sie selbst den Fehler mit dem Seiher korrigierten. Natürlich konnten Sie ihn nicht abwischen und zurücklegen – das hätte bemerkt werden können – aber Sie konnten ihn verschwinden lassen und mit ihm den einzigen Beweis Ihrer Schuld. Ich ziehe meinen Hut vor Ihnen!"

Ja, Korhagen war dreist. Angela wusste, dass er pokerte, hoch pokerte. Doch um welchen Preis ging es ihm?

„Was erhoffen Sie sich von Ihren Beschuldigungen?"

„Sie waren öfter Gast bei Sybilles Sex-Partys. Sie stehen auf erotische Abenteuer, suchen die Bestätigung Ihrer Wirkung auf Männer, sind geradezu süchtig danach. Warum sonst sind Sie nach dem Ableben Sybilles auf Bars wie diese hier angewiesen? Wohlmöglich haben Sie Ihre Tat längst bereut. Andererseits musste Sybille etwas gegen Sie in der Hand gehabt haben … Nun ja, Ihr Grund, Sybille zu töten, ist mir ziemlich egal. Aber Sie, Angela, sind mir nicht egal! Wie Sie bereits erwähnten: Sie laden mich zu sich ein … jetzt!"

Kommissarin Seuberts Mine änderte sich schlagartig und Korhagen erkannte, dass er sein Blatt deutlich überreizt hatte. Doch noch wollte er sich nicht geschlagen geben. Zu lange hatte er auf diesen Moment gewartet.

„Oh, sehen Sie in meinem Ansinnen bitte keine Erpressung. Ich möchte Sie lediglich um die Gunst bitten, mit Ihnen schlafen zu dürfen."

Sie bemaß ihn mit einem abschätzigen Blick:

„Das ist definitiv der Versuch einer Erpressung!"

„Keineswegs, Angela! Das Schicksal fordert von Ihnen lediglich quid pro quo."

„Sie sind ganz bestimmt nicht mein Schicksal, Korhagen. Ergo gibt es auch kein quid pro quo!"

Sie stand auf, ließ ihr halbleeres Champagnerglas zurück und sagte zum Barkeeper, auf Korhagen deutend: „Er zahlt."

Damit verließ sie die Bar.

Korhagen sah ihr hinterher. Die bodentiefen Fenster machten es ihm leicht, ihr mit seinen Blicken zu folgen. Angela war sich dessen bewusst, als sie auf dem Gehsteig vor der Bar verharrte. Noch einmal wandte sie sich ihm zu und lächelte ihn böse an. Eine Frau, eine Gewinnerin. Dann gefror ihre Mimik, sie drehte sich um – gerade so, als hätte sie ihn damit bereits aus ihrem Leben gestrichen – und trat einen Schritt auf die Fahrbahn.

In diesem Moment kam ein Bus der Linie 42 und riss sie mit seiner Frontseite aus Korhagens Blickfeld ...

... Quid pro quo.

Der Kunstraub

© Niels Rudolph

Es kommt gelegentlich mal vor, dass man einen ganz besonders erinnerungswürdigen Tag hat. Entweder es läuft alles schief oder aber man steht vor einem absoluten Novum. Etwas, das man so noch nie erlebt hat. Wann immer man später in eine ähnliche Situation kommt, fällt einem dann dieser Tag und das damit zusammenhängende Ereignis ein. Man zwinkert seinem Kollegen zu und fragt:

„Erinnerst du dich noch an damals, diese komische Geschichte? Noch unglaublicher kann es heute auch nicht werden."

Genau so ein Tag war der 16. Juli 2010 für Hauptwachtmeister Müller und seine Kollegen vom sechsten Revier, das am Rande der Fußgängerzone einer Kleinstadt lag. Der Freitag begann ganz vielversprechend mit einem strahlenden Sonnenaufgang. Die Kollegen von der Nachtschicht waren nach Hause gegangen und der Duft von frisch gebrühtem Kaffee hing in der Luft. Der Revierleiter saß in seinem Büro und schaute konzentriert auf seinen Monitor. Wenn er diesen Gesichtsausdruck trug, war eine Weile nicht mit seiner Präsenz bei den niedrigeren Dienstgraden zu rechnen.

Wachtmeister Voss kam auf Krücken durch die Tür zum hinteren Bereich gehumpelt. Er hatte sich beim Fußballspielen in der „alte Herren" Mannschaft einen Bänderriss zugezogen und schob schon seit Tagen Innendienst.

Kollege Peter Hoffmann lag fast auf seinem Stuhl und hatte die Beine auf seinem Tisch übereinandergeschlagen. Seit mindestens 15 Minuten hing er am Telefon und warf nur selten mal ein Wort ein, wie: „Ja … Nein … verstehe …"

In der Ecke surrte ein Tischventilator auf dem Aktenschrank leise vor sich hin, die Tage wurden schon wieder sehr heiß.

Axel Müller wartete geduldig auf seinen Kollegen, nahm ab und zu einen Schluck Kaffee, durchsuchte seine Ablage nach ein paar schnell zu bearbeitenden Bußgeldbescheinigungen, die er an das Stadtamt übermitteln konnte. Eigentlich sollten sie schon im Streifenwagen sitzen und unterwegs sein, doch Peters Gesicht nach zu urteilen, hatte er seine Frau oder – zu dieser Zeit eher unwahrscheinlich – deren Scheidungsanwalt an der Strippe. Peter lebte seit ein paar Wochen getrennt von seiner Frau und wirkte auf seine Kollegen angespannt und dünnhäutig. Es würde sich vermutlich alles einrenken, wenn die Scheidung erstmal über die Bühne gebracht war. In der Zwischenzeit behielt Axel Müller seinen jüngeren Kollegen besonders aufmerksam im Auge.

„Wir sind schon spät dran." Peter hatte aufgelegt und war unbemerkt von Axel vor dessen Schreibtisch getreten.

„Dann wird mein Stapel mit Papierkram mal ein wenig kleiner. Warte kurz, ich mach das eben fertig und logge mich aus."

Wenige Minuten später setzten sie sich in ihren A-Klasse Dienstwagen und fuhren vom Parkplatz des Reviers. Peter saß vor sich hinbrütend auf dem Beifahrersitz, sah den vorbeiziehenden Menschen bei ihrer Parade zu.

„Schlechte Neuigkeiten?", erriet Axel die Gemütslage seines Kollegen, trommelte dabei einen unhörbaren, nervös wirkenden Rhythmus auf dem Lenkrad.

„Du kennst ja Ulrike", sagte Peter nebulös, „Das mit dem Sorgerecht ist schon in trockenen Tüchern. Die kleine Sofie will bei ihrer Mutter bleiben, das war ja schon fast klar. Bei unserem Schichtplan wäre es eh schwierig ... Aber bei den zu erwartenden Unterhaltszahlungen brauche ich bald eine Beförderung, sonst sieht's düster aus."

„Als Mann ist man am Ende immer der Arsch. Wenn du Hilfe brauchst, dann sag Bescheid. Du weißt, das ganze Revier steht hinter dir."

Eigentlich sah alles nach einem ruhigen Start ins Wochenende aus, doch dann flog die Tür auf und ein kleiner, südländisch wirkender, Mann stürmte ins Revier:

„Carabinieri! Madre mio, so eine Verbrechen!", der Mann mit dem faltigen, sonnengebräunten Gesicht streckte fuchtelnd beide Hände zur Decke.

Erstaunt blickten die Polizisten Voss und Gerlach dem Mann entgegen. Oberwachtmeisterin Gerlach hatte heute Dienst in der Telefon- und Funkzentrale und füllte gerade ihren Kaffeebecher auf, stellte ihn ab und ging zum Tresen.

„Immer mit der Ruhe, atmen Sie erstmal tief durch", sagte Tanja Gerlach, sie schätzte den Mann auf Mitte vierzig.

„Wiesse solle atme, wenn meine bella Maria wurde, wie sagt man, mitgenomme?", der Mann schien sehr aufgeregt. Offensichtlich war er ein Italiener. Tanja hasste das. Nicht die Ausländer, sondern sich mit ihnen verständigen zu müssen, nicht selten mit Händen und Füßen.

„Jemand wurde entführt, ist das richtig?", fragte sie und schlug eine unbenutzte Seite auf einem Notizblock auf.

„Entführt? Ja, meine Madonna isse wech!"

„Madonna, ja? Die sieht gar nicht schlecht aus für ihr Alter, oder?", fragte Voss und blickte zu seiner Kollegin hinüber. Irritiert blickte der Italiener von einem Polizisten zum anderen, dann hellte sich sein Gesicht auf.

„Ihre nix verstehe! Madonna! Nix Cantante Americano", rief der Italiener. „Madre Dio."

„Madonna wurde entführt, ja? Was genau haben Sie denn damit zu tun? Verstehst du, was der will?“, wandte sich Tanja halblaut an ihren Kollegen. Sie malte ein paar Kringel auf den Block, doch der Kugelschreiber hinterließ nur farblose Gräben. Mit gerunzelter Stirn hauchte sie auf die Minenspitze und versuchte es erneut, diesmal mit Erfolg.

Der Italiener schlug sich mit der flachen Hand gegen die Stirn, machte „Ah“ und lächelte: „Nixe entführt. Gestohle!“

„Madonna wurde gestohlen“, wiederholte Tanja mit Zweifel in der Stimme und notierte es auf ihrem Block: „Wie das?“

„Es is una illustrazione, eine Bild“, rief der Italiener.

Oberwachtmeisterin Gerlach atmete hörbar auf:

„Aha. Also wurde ein Bild gestohlen?“, hakte die Polizistin noch einmal nach und klopfte mit ihrem Kugelschreiber auf den Block.

„Sí, gestohle!“, der Mann nickte eifrig.

„An alle Einheiten. Wir haben offensichtlich ein gestohlenes Gemälde in der Fußgängerzone“, klang die glasklare Stimme von Oberwachtmeisterin Gerlach aus dem Digital-Funkgerät.

„Wagen 13 übernimmt“, sagte Peter ins Mikrofon und fügte hinzu: „Geht es denn nicht noch etwas genauer?“

„Der Geschädigte ist Italiener mit bemühtem, aber schlecht verständlichem Deutsch. Es gibt doch eine Kunstgalerie dort, schaut euch mal bitte da in der Nähe um. Wenn ich Näheres weiß, melde ich mich wieder.“

„Wagen 13 hat verstanden. Wir sind auf dem Weg.“

Hauptwachtmeister Müller steuerte den Wagen zurück Richtung Revier, das an der Fußgängerzone angrenzte, bog in die Straße ein und näherte sich der ungefähren Position.

In regelmäßigen Abständen standen auf „alt“ getrimmte, schmiedeeisern wirkende Laternen mitten auf dem Weg. Politisch korrekt mit Energiesparlampen bestückt, spendeten sie nachts ein kaltes weißes Licht. Antike trifft Moderne.

„Früher war halt doch alles besser“, dachte Hauptwachmeister Müller. Er mochte diesen Energiesparmist nicht besonders und für die Umwelt sollten sie schädlicher sein als die alte Edison. Zwischen den Laternen gab es immer wieder Bänke, Spielgeräte, Mülleimer und junge Bäume. Die größeren Geschäfte waren nach und nach hier verschwunden, weil eine große Einkaufspassage in der Nähe gebaut wurde. Nun tummelten sich hier Friseure, Pizzabäcker, kleine Boutiquen, Cafés und Kunstgalerien sowie andere kleine Läden, für die die Mieten in der Passage zu hoch waren. Müller empfand es als Zugewinn für diesen Ort. Es war ruhiger und gemütlicher geworden. Die Menschen, die hier verkehrten, ließen sich mehr Zeit zu sehen und gesehen zu werden.

Im Schritttempo rollte der Streifenwagen auf die angegebene Adresse zu. Aufmerksam beobachteten die Polizisten die Schaufenster der Geschäfte, suchten nach Einbruchsspuren oder anderen kleinen Auffälligkeiten. Peter Hoffmann zeigte nach vorne auf eine kleine Gruppe von Schaulustigen.

„Ich glaube, da ist es“, sagte er.

Müller hielt den Einsatzwagen neben einem Buchladen, dann stiegen die Beamten aus.

„Guten Morgen. Was ist denn hier geschehen? Hat jemand etwas Ungewöhnliches gesehen?“, fragte Hoffmann und zog sein Notizbüchlein aus der Uniformtasche.

„Gestern war hier noch ein Gemälde von Maria und heute ist es fort“, sagte ein älterer Mann mit einem Mischlingshund an der Leine.

„Dann sind wir hier wohl an der richtigen Stelle. Sowas habe ich ja noch nie erlebt“, sagte Müller und traute seinen Augen kaum. Auch sein Partner, Wachtmeister Hoffmann, schüttelte ungläubig den Kopf.

„Hast du eine Ahnung, wer so etwas machen könnte?“

„Nicht die Spur. Ich frage mal bei der Zentrale an, ob wir das Raubdezernat einschalten sollen. Aber ich glaube nicht, dass die sich dafür zuständig fühlen.“ Axel Müller ging zurück zum Wagen und gab eine Meldung und Anfrage an die Zentrale durch. Wachtmeister Hoffmann umkreiste einmal den „Tatort“ und machte ein paar Fotos mit einer Digitalkamera, dann fragte er die umherstehenden Schaulustigen, ob sie etwas gesehen hatten.

Als Axel zurückkam, sagte er: „Die Fahndung wird eingeleitet. Alle Einheiten sind angewiesen, nach Verdächtigen Ausschau zu halten, die möglicherweise mit einer Schubkarre unterwegs sind.“

Augenzeugen waren nicht unter den Schaulustigen. Dennoch wurden ihre Personalien aufgenommen, falls später noch Fragen auftreten sollten. Fertig mit den Befragungen, traten die Polizisten nebeneinander zu dem gut zwei Quadratmeter großen Loch im Pflaster der sechseckigen Steine. Hier hatte sich wohl das gestohlene Gemälde der italienischen Madonna befunden, nur hatte ihnen niemand gesagt, dass es sich bei dem Geschädigten um einen Straßenmaler handelte, der Kreidezeichnungen in der Fußgängerzone anfertigte ...

Der tote Angler

Kommissar Schmidt konnte seine Augen nicht von der Szene abwenden, die sich ihm bot: In einem alten Telefonhäuschen, das bestimmt schon bessere Zeiten gesehen hatte, lag die Leiche eines Mannes, den er auf Mitte fünfzig schätzte. Der massige Mann lehnte mit dem Oberkörper gegen die Rückwand, den Mund wie zu einem Schrei aufgerissen. Alles war mit Blut verschmiert. Neben ihm standen ein leerer Metalleimer und eine Angelrute. Die blutverschmierten Hände hingen seitlich am Körper herunter. Dort, wo die Hände den Boden berührten hatten sich kleine Seen aus Blut gebildet. Die beiden Seitenscheiben des Telefonhäuschens waren zerborsten. Der Telefonhörer baumelte herunter, und selbst auf diese Entfernung konnte Schmidt das Besetztzeichen hören.

Krüger, sein Assistent, trat zu ihm:

„Er muss sich die Schlagadern an den Handgelenken aufgeschnitten haben und verblutet sein. Das ist die erste Einschätzung unseres Gerichtsmediziners."

„Gibt es ein Messer?"

„Die Leute von der Spurensicherung haben bisher keines gefunden. Vielleicht hat er eine Glasscherbe benutzt."

„Wenn ich das aber richtig sehe, ist das Glas nur außen um das Häuschen verteilt. Im Inneren sehe ich keine einzige Scherbe."

Krüger zuckte mit den Schultern und erwiderte nichts. Schmidt schwieg ebenfalls. Er ließ seinen Blick schweifen. Der Nebel schien immer dichter zu werden. Beinahe konnte er den See am Ende des mit Kies bedeckten Parkplatzes nicht erkennen. Auch der einzige, geparkte Wagen war fast nicht mehr auszumachen. Vermutlich das Auto des Toten. Schmidt zog seinen Mantel fester um die Schultern. Der Mann musste angeln gewesen sein. Oder besser, er hatte es zumindest vorgehabt, wenn man den leeren Eimer berücksichtigte.

„In dem Eimer ist wirklich nichts?", unterbrach Schmid das Schweigen. „Ich meine, er ist wirklich sauber."

Sein Assistent nickte und wies mit dem Kopf zum vom Parkplatz etwas abseits stehenden Telefonhäuschen. „Und es gibt keine weiteren Fußspuren in dem Matsch als die, die dorthin führen."

„Das sind sicherlich seine Abdrücke." Schmidt wies mit dem Kopf auf die Leiche.

„Das meinen die Kollegen von der Spurensicherung auch."

Schmidt stellte eine Tasse Kaffee vor sich auf seinen Schreibtisch, setzte sich und stütze den Kopf auf den Händen ab. Die weitere Suche des Gebietes rund um den Parkplatz hatte keine neuen Erkenntnisse gebracht. Einen Selbstmord schloss Schmidt inzwischen aus, denn in diesem Fall wäre die Tatwaffe vor Ort gewesen. Zumindest hätte eine Glasscherbe neben dem Toten liegen müssen. Ein Raubmord war es auch nicht, denn sie hatten in der Jackentasche der Leiche ein Portemonnaie mit hundert Euro, der Kreditkarte und dem Führerschein gefunden. Immerhin wussten sie nun, dass es sich bei dem Toten um Karl Weber handelte. Es musste einen anderen Grund geben. Wie aber hatte der Mörder es geschafft, überhaupt keine Spuren zu hinterlassen? Zumindest in dem lehmigen Boden musste es Abdrücke geben. Geregnet hatte es die letzten beiden Tage nämlich nicht und der Gerichtsmediziner ging von einem Todeszeitpunkt aus, der nicht weiter als einen Tag zurücklag.

Schmidt nahm einen Schluck vom Kaffee und stellte die Tasse gedankenverloren zurück auf den Tisch. Polizeibeamte waren inzwischen in Webers Wohnung gewesen, hatten aber niemand angetroffen. Aufgrund des Zustands der Wohnung gingen sie davon aus, dass der Mann alleinstehend war.

Es klopfte. Schmidt hob den Kopf. Krüger trat ein. Ihm folgte ein grauhaariger kleiner, hagerer Mann, der sich nervös umblickte.

„Albert Weiss. Er war mit Weber angeln."

Schmidt deutete mit dem Kopf auf den Stuhl vor seinem Schreibtisch. Weiss setzte sich. Er nahm die Mütze ab und drehte sie in seinen Händen.

„Sie wollten also zusammen angeln?", begann Schmidt seine Befragung.

„Ja", antwortete der Mann mit einer hohen Fistelstimme.

„Sie alleine oder war noch jemand dabei?"

„Wir waren nur zu zweit."

„Sie waren also noch nicht auf dem See?"

„Doch, und sie haben heute wunderbar angebissen."

„Wer?"

„Die Fische."

„Bitte erzählen Sie genau, was passiert ist, nachdem sie vom See zurückgekehrt waren."

„Wir haben die Fische in meinem Wagen verstaut und das Boot auf meinen Anhänger geladen. Karl wollte noch telefonieren und meinte, er käme nach."

„Wohin?"

„Zu mir nach Hause. Wir hatten vor, die Fische zu räuchern."

„Und dann?"

„Er ist zum Telefonhäuschen gegangen."

„Sie haben nicht gewartet?"

Weiss schüttelte den Kopf. „Ich wollte schonmal das Feuer schüren und bin losgefahren."

„Er hat Ihnen nicht gesagt, mit wem er telefonieren wollte?"

„Nein."

Schmidt beugte sich vor und musterte sein Gegenüber. Weiss war der Letzte gewesen, der Weber lebend gesehen hatte – außer dessen Mörder natürlich. Weiss käme also in Frage. Allerdings konnte Schmidt das nicht glauben, wenn er den schmächtigen Mann vor sich betrachtete. Er war genau das Gegenteil von Karl Weber.

„Können Sie sich vorstellen, mit wem er telefoniert hat?"

Weiss schüttelte den Kopf.

„Vielleicht mit seiner Frau?", versuchte Schmidt ihm auf die Sprünge zu helfen.

„Er ist nicht verheiratet. Kinder hat er auch keine."

„Geschwister?"

„Er war Einzelkind. Seine Eltern sind auch bereits seit einigen Jahren tot."

Schmidt unterdrückte einen Seufzer. „Wollte er vielleicht..."

Er brach ab, als vor seiner Zimmertür ein Tumult losbrach. Die Tür wurde aufgestoßen und ein junger Mann – er musste Anfang zwanzig sein – stürmte herein.

„Stopp! Sie können da nicht so einfach rein!", rief Krüger.

Der Mann schüttelte die Hand des Beamten ab und polterte los:

„Stimmt es wirklich, dass mein Patenonkel ermordet worden ist?"

„Da ich nicht weiß, wer Ihr Patenonkel ist, kann ich Ihre Frage auch nicht beantworten." Krüger war aufgestanden.

„Karl Weber."

„Woher wissen Sie von seiner Ermordung?", wollte Schmidt wissen, nachdem er seine Stimme wiedergefunden hatte.

„Von ihm", sagte der Mann und wies mit dem Kopf auf Weiss.

„Onkel Karl hat mich angerufen, er habe einen riesigen Fisch gefangen und ich solle zu Albert kommen."

„Er hat mit Ihnen telefoniert? Wann?"

„Heute morgen."

„Bitte setzen Sie sich Herr ... Wie ist Ihr Name?"

„Peter Müller." Widerwillig kam der junge Mann der Aufforderung nach und rutschte neben Weiss auf einen Stuhl.

„Sie sind der Patensohn von Karl Weber?"

„Ja. Mein Vater und er sind gute Arbeitskollegen."

„Können Sie mir sagen, was er am Telefon erzählt hat? Wie war seine Stimmung? Ich meine, hatten Sie das Gefühl, als würde er bedroht?"

„Ganz und gar nicht. Mein Patenonkel war richtig ausgelassen. Er hat mir von dem großen Fang erzählt, den er gemacht hat. Ich solle vorbeikommen, damit ich mir auch etwas nehmen könne."

„Und dann hat er aufgelegt?"

„Nicht direkt". Müller neigte den Kopf. „Ich fragte ihn, wie groß der Fisch sei, denn bisher hatten Onkel Karl und Albert nicht besonders viel Angelerfolg. Daher konnte ich mir nicht vorstellen, dass es dieses Mal anders war."

„Was hat Ihr Patenonkel auf die Frage hin geantwortet?"

„Na, dass der Fisch – ich zitiere: soooooo groß sei."

„Und dann?"

„Dann gab es einen riesigen Krach. Ganz so als würde Glas splittern und danach war die Leitung tot."

Schmidt lehnte sich nach hinten und schaute zu Krüger, der neben dem Schreibtisch an der Wand lehnte.

„Soooo groß", murmelte sein Assistent und breitete seine Arme ruckartig aus. Dabei stieß er mit der rechten Hand gegen die Wand. Er verzog das Gesicht und rieb sich die Fingerspitzen. Sogleich verharrte er in der Bewegung und hob ruckartig den Kopf.

„Mein Gott", entfuhr es Schmidt. Nun war ihm alles klar.

„Sooooo groß", rief er und ahmte die Bewegung seines Assistenten nach. „Und dann hat er das morsche Glas herausgeschlagen und sich selber verletzt!"

„Er muss ohnmächtig geworden sein", fügte Krüger an, „und ist verblutet."

Wo bitte geht's hier zum Geld?

© Sonja Kindler

„Money, Money, Money, ..."

Der alte Abba-Song dudelte aus dem kleinen Radio, das auf einer alten Kiste in dem Schuppen hinter dem Haus stand. Pit schlang sich seine Strickjacke fester um die Schultern. Ihn fröstelte es nicht nur wegen des kühlen Herbstwetters. Obwohl das Lied schon 30 Jahre zählte, hatte es keinesfalls an Aktualität verloren.

Ach, wie schön wäre es, einmal ohne Reue Geld ausgeben zu können, dachte Pit. Die Kinder brauchten dringend neue Kleidung, vor allem jetzt, wo der Winter vor der Tür stand. Auch war es nur eine Frage der Zeit, bis ihnen das Elektrizitätswerk den Strom abklemmen würde. Mit der Miete waren sie ebenfalls schon seit Monaten im Rückstand. Selbst zu Doris Geburtstag hatte er seiner Frau nicht einmal einen Strauß Blumen überreichen können.

Annähernd zwei Jahre war es nun schon her, dass er seine Arbeit verloren hatte. Trotz intensivsten Suchens war es ihm bis heute nicht gelungen, einen neuen Job zu finden.

„Zu alt", hieß es meistens oder auch: „Wir brauchen niemanden!"

Dabei war er erst dreiundvierzig. Er hatte immer geglaubt, so etwas passiere nur anderen und er könne jederzeit einen neuen Arbeitsplatz finden. Da hatte er sich aber gründlich geirrt. Und nun klemmte es an jeder Ecke. Selbst die Fahrkarte der Kinder für den Bus zur Schule konnte er nicht mehr bezahlen. Zum Glück bekam er dieses Geld vom Staat. Ansonsten hätten seine Kinder nicht mehr die Realschule besuchen können, was wiederum eine schlechtere Ausbildung und damit auch eine schlechtere Zukunft zur Folge gehabt hätte.

„Reiß dich zusammen!", dachte er bei sich. Gejammer half in dieser Situation schließlich nicht weiter. Er sollte sich lieber überlegen, wie er dem ganzen Dilemma ein Ende setzen könnte. Nun konnte er auf jeden Fall verstehen, wie der eine oder andere unbescholtene Bürger auf die Idee kam, einen Banküberfall zu versuchen.

Banküberfall? Vielleicht war das ja tatsächlich die Lösung. Wenn er sich das genauer überlegte, war das eine Schnapsidee. Heutzutage waren die Banken doch viel zu gut abgesichert. Zum einen gab es da die vielen Kameras, zum anderen waren die Bankangestellten so im Schalterraum verteilt, dass er nie alle im Auge behalten, geschweige denn, in Schach halten konnte. Und schon gar nicht allein. Nein, das war keine gut Idee.

„Pit Liebling, komm essen!" Pit fuhr aus seinen Gedankengängen hoch. War es schon wieder so spät? Er wollte Doris nicht warten lassen und verließ den Schuppen. Sorgfältig schloss er ihn ab und begab sich ins Innere ihres Hauses. Beim Anblick des kargen Mahls auf dem gedeckten Abendbrottisch und den traurigen Blicken seiner vier Kinder, beschloss er endlich etwas gegen dieses Elend zu unternehmen. Es wäre doch gelacht, wenn er seine Familie nicht anständig ernähren könnte.

Am nächsten Tag startete er Versuch Nummer eins zur Verbesserung der Lebensqualität.

Montag

Da ihm das Geld für die öffentlichen Verkehrsmittel fehlte, lief er zu Fuß bis zum Villenviertel. Das kostete ihn rund eineinhalb Stunden. Da er aber ein konkretes Ziel vor Augen hatte, machte ihm der lange Weg dorthin nichts aus. In einem der prunkvollen Häuser wohnte nämlich die Baronin von Waldeck. Sie kannte Pit. Er führte ab und zu ihre beiden Riesenpudel aus, obwohl er sich dabei nicht gerade wohl in seiner Haut fühlte. Das war auch kein Wunder, denn das Dreiergespann, Pit und die beiden Hunde, zogen im Park alle Blicke auf sich. Aber die Baronin zahlte gut. Sie selbst konnte mit ihrer Arthritis die Hunde nicht mehr spazieren führen. Trotzdem war sie ganz vernarrt in ihre Lieblinge und dementsprechend heilfroh, in Pit eine vertrauenswürdige Person gefunden zu haben. Doch heute würde alles anders sein. Pit hatte es sich genau überlegt. Heute würde er die Hunde nicht mehr zurückbringen. Er würde sie in seinen Schuppen sperren und behaupten, er wäre überfallen worden. Anschließend käme der Brief, den er den Abend zuvor bereits mit ausgeschnittenen Buchstaben gebastelt hatte, zum Einsatz. Mit ihm verlangte er ein Lösegeld für die beiden Pudel. Er hoffte nur, dass seine Frau ihm keinen Strich durch die Rechnung machte. Er wollte den Aufenthalt der Hunde im Schuppen damit erklären, dass er versprochen hätte, die Tiere für eine Nacht zu sich zu nehmen, damit die Frau Baronin einen Arztbesuch absolvieren konnte. Ob sie ihm das wohl abnehmen würde? Na, man würde ja sehen.

Voller Tatendrang klingelte er am schmiedeeisernen Tor der Frau Baronin von Waldeck.

„Wer ist da?", schnarrte es aus dem Lautsprecher, der in die Mauer daneben eingelassen war.

„Guten Tag. Hier ist Pit Klein. Ich wollte die Hunde zum täglichen Spaziergang abholen!"

Kurz darauf summte es und die beiden großen Torflügel schwangen wie von Geisterhand geführt auf. Pit betrat das Grundstück und lief den Kiesweg, der durch ein parkähnliches Anwesen führte, entlang zum Haupteingang der Villa. Dort erwartete ihn die Hausherrin persönlich, gestützt auf ihren mit einem goldenen Löwenkopf verzierten Gehstock.

„Ach ja, der verehrte Herr Klein. Treten Sie ein."

Sie hielt die Tür einladend auf.

„Wo sind denn Jerry und Lissy?", wunderte sich Pit. Normalerweise kamen ihm die beiden Tiere immer schon freudestrahlend entgegengelaufen.

„Es tut mir ja außerordentlich leid, dass Sie sich heute umsonst herbemüht haben. Aber ich muss für zwei Wochen ins Krankenhaus und anschließend zu einer Kur. Da kann ich meine beiden Lieblinge natürlich nicht mitnehmen, obwohl sie mir ganz schön fehlen werden. Deshalb sind sie für die nächste Zeit in einer Tierpension untergebracht, wo es ihnen an nichts fehlen wird."

Pit war sprachlos. Damit war sein Plan wohl hinfällig und das Geld, das er fürs Gassigehen bekommen hätte, fiel damit auch flach. Die Baronin schien einen Teil seiner Gedanken an seinem finsteren Gesichtsausdruck ablesen zu können: „Nun grämen Sie sich doch nicht! Selbstverständlich bekommen Sie trotzdem Ihren Lohn." – sprach's und drückte ihm ein Kuvert in die Hand.

„In zwei Monaten können Sie ja einmal vorbeischauen. Bis dahin müsste ich wieder zu Hause sein. Alles Gute für Sie bis dahin."

Pit nahm verdattert den Briefumschlag in die Hand und begab sich wieder auf den Heimweg.

Plan Nummer eins fiel somit aus. Nun musste Plan Nummer zwei her.

Dienstag

Pit befand die Stelle für gut. Für seine Zwecke war sie sogar ausgezeichnet. Es herrschte emsiges Treiben auf der Straße. An der Bushaltestelle standen eine Menge Leute. An der roten Ampel bildete sich rasch eine lange Autoschlange. Fußgänger hetzten derweil auf die andere Straßenseite. An der rechten Abbiegespur war an der Ampelanlage ein grüner Pfeil installiert, eines der wenigen Dinge, die aus den neuen Bundesländern übernommen worden war. Es war schon eine tolle Sache, trotz Rot um die Ecke fahren zu dürfen, wenn es der Verkehr zuließ. Diese Situation wollte Pit ausnützen. Er stellte sich so hin, dass er für einen Autofahrer nicht sofort zu sehen war. Im geeigneten Augenblick würde er so tun, als wollte er die Fahrbahn überqueren und sich dabei fallen lassen. Bei seinem schauspielerischem Talent wäre dann die natürliche Konsequenz, dass der Autofahrer glauben musste, er hätte Pit angefahren. Das würde hoffentlich einen Batzen an Schmerzensgeld einbringen.

Pit verfolgte mit seinen Augen genau den Verkehr. Als ein dicker Mercedes auftauchte, sah er seine Chance gekommen. Wer einen solchen Wagen fuhr, der hatte auch unweigerlich genug Geld zur Verfügung. Es ging alles sehr schnell und ehe Pit sich versah, lag er auch schon vor dem Wagen auf der Straße, der mit quietschenden Bremsen zum Stehen kam.

Aufgebracht stürmte ein Mann aus dem Wagen.

„Sind Sie lebensmüde, Mann? Sie können doch nicht so plötzlich auf die Straße rennen?!"

Unbeholfen zog er Pit am Arm um ihm aufzuhelfen. Ungläubig starrten sich die beiden Männer in die Augen. Auch das noch. Bei dem Fahrer handelte es sich um Pits ehemaligen Chef!

„Ja, Herr Klein! Sie sollten etwas vorsichtiger sein! Sie hätten tot sein können. Ist Ihnen das klar?"

Pit nickte.

„Kommen Sie, ich helfe Ihnen auf. Ich hoffe, Sie sind nicht verletzt!"

Pit schüttelte den Kopf und versuchte mit Hilfe seines Ex-Chefs wieder auf die Beine zu kommen. Ah, tat das weh! Er hatte sich bei dieser irrwitzigen Aktion wohl den Knöchel verstaucht.

„Sehen Sie, Sie haben sich doch verletzt. Ich bringe Sie ins Krankenhaus zum Röntgen!"

Damit packte er den völlig überrumpelten Pit ins Auto und beide verließen den Schauplatz, an dem bereits zahlreiche, wartende Autofahrer ungeduldig und teilweise hupend, warteten.

Doris staunte nicht schlecht, als am Nachmittag ihr Mann humpelnd mit einem Gipsverband nach Hause kam.

Somit war Plan zwei ebenfalls gescheitert.

Mittwoch

Blieb also doch nur noch der Banküberfall. Dazu musste Pit sich gut vorbereiten. Einen Plan hatte er und schrieb auf einen Zettel:

Dies ist ein Überfall! Alles Geld her! Ein Komplize ist bei Ihrer Familie. Keine Polizei, kein Aufsehen, sonst sehen Sie Ihre Familie nicht wieder!

Er las ihn noch einmal durch und war zufrieden. Das musste einfach klappen! Sorgfältig schaute er sich um. Kein Polizist weit und breit. Ruhig betrat er die Bank und stellte sich am Geldschalter an, an dem gerade eine Mutter mit ihrer kleinen Tochter bedient wurde. Das Mädchen streckte Pit die Zunge heraus. Doch Pit war das egal. Als nur noch ein Mann vor ihm in der Reihe stand, stürmten drei schwarz gekleidete, maskierte Gestalten herein.

„Alle Mann hinlegen; dann passiert euch nichts!"

Mit Gewehren im Anschlag, zeigten sie auf die Leute.

„Los, wird's bald?", blaffte einer von ihnen, während der zweite an die Kasse stürmte und sich von dem erschrockenen Kassierer das Geld in einen mitgebrachten Stoffbeutel einpacken ließ.

Pit blieb der Mund offenstehen. Das durfte doch nicht wahr sein! Das war seine Bank! Er sollte jetzt das Geld einpacken und nicht dieser Lump dort drüben. Wütend humpelte er mit seinem Gipsfuß an die Kasse. Der dritte Mann, der in seiner Nähe stand, wollte ihn aufhalten, doch Pit war jetzt so in Fahrt, dass er ihm mit seinem Gipsfuß voll auf die Zehen trat und der Mann vor Schreck und Schmerzen das Gewehr fallen ließ. Dem Mann an der Kasse riss er wutentbrannt den Stoffbeutel, der inzwischen mit zahlreichen Scheinen gefüllt war aus der Hand und schubste ihn beiseite, so dass er ins Rudern kam und der Länge nach hinschlug. Inzwischen kam auch der letzte der Bande angerannt.

„Das hättest du lieber lassen sollen", meinte er grimmig und zielte auf Pit. Aber dieser war jetzt nicht mehr zu bremsen. Alle Ungerechtigkeiten, die ihm in letzter Zeit widerfahren waren, brachen aus ihm heraus. Mit voller Kraft schleuderte er den schweren Stoffbeutel dem Ganoven ins Gesicht. Er landete einen Volltreffer und der Kerl fiel um wie eine gefällte Eiche.

Da fielen auch die restlichen Bankbesucher aus ihrer Erstarrung. Ein Mann vom Wachdienst sammelte die Waffen ein und hielt die Räuber in Schach. Der Kassierer rief die Polizei.

Und Pit?

Er war der Held des Tages! Die Bankkunden bejubelten ihn. So viel Dankbarkeit hatte er schon lange nicht mehr erlebt. Selbst die Presse bestürmte ihn für ein Interview. Der ganze Wirbel um seine Person war ihm schon fast peinlich. Das einzig Gute daran war, dass es eine saftige Belohnung gab: zum Einen für die Ergreifung der Bankräuber, die schon lange auf der Liste der meistgesuchten Verbrecher standen, zum Anderen dafür, dass das Geld nicht entwendet wurde. Mit der Belohnung würde sich seine Familie eine Weile über Wasser halten können. Wie gut, dass er nun doch kein Gesetz gebrochen hatte. Was wohl Doris zu der ganzen Geschichte sagen würde?

„Pit! Du Langschläfer. Aufstehen!"

Pit drehte sich um ... Nur noch ein Viertelstündchen.

„Pit! Sofort stehst du auf! Du kommst zu spät zur Arbeit!"

Zu spät zur Arbeit? Arbeit? Er hatte doch gar keinen Job. Vorsichtig blinzelte er aus den Augen. Eine wunderhübsche Frau mit langen blonden Haaren schaute ihn zärtlich an: "Na, haben wir endlich ausgeschlafen?"

Er schaute sie an. Liebevoll legte er eine Hand auf ihren gerundeten Bauch, unter der er seinen Nachwuchs strampeln spürte. Langsam erinnerte er sich wieder und grinste seine Frau breit an.

„Du scheinst ja wirklich gut geschlafen zu haben. Aber jetzt beeil dich. Auch wenn es heutzutage gleitende Arbeitszeiten gibt, sollte man nicht unbedingt erst um die Mittagszeit ins Büro gehen."

„Ich werde mir heute frei nehmen. Wir beide machen uns mit dem Junior", dabei zeigte er auf ihren Bauch „einen schönen Tag. Und dann muss ich dir unbedingt erzählen, was ich geträumt habe. Das wirst du mir nicht glauben!"

Eier im Glas

© Cl. Göpel

Wissen Sie, ich liebte diesen sonntäglichen Morgensnack! Vor allem im Sommer. Ich mochte es, wenn der Tag erwachte und genoss die Stille; kein Mensch stand um diese Zeit auf! In den Wintermonaten war es allerdings nicht so prickelnd, im Dunkeln nach dem folienverschweißten Päckchen zu suchen, das der strunzblöde Zulieferer wie immer aus dem fahrenden Pickup in die garantiert höchste Schneewehe am Haus warf. Aber egal, nach etwa zwei Stunden hatte ich sämtliche Werbeprospekte im Viertel verteilt, konnte in meine inzwischen sonnendurchflutete Küche eilen und meinem soeben verdienten Frühstücksritual frönen, ehe ich meinen Gatten weckte.

Wenn das glibbrige Oval aus der Schale rutschte und mit den übrigen Zutaten diesen unvergleichlichen Duft verströmte, ärgerte ich mich jedes Mal, mich an die Rezeptvorgabe gehalten zu haben.

Sie wollen wissen, wovon ich rede? Hier:

Eier im Glas – Rezept für eine Person
2 frische Eier
Salz, Pfeffer, Paprika
Ketchup, Worchestersauce
gemahlene, staubtrockene Pilze
Schnittlauch

Die Eier, zweieinhalb Minuten weichgekocht (keinesfalls länger!), abschrecken, aufschlagen und in ein Glas gleiten lassen. Eine Prise Salz, Pfeffer und Paprika, sowie je einen Teelöffel Ketchup, Worchestersauce und Pilzpulver vorsichtig unterheben. Statt Pilzpulver kann man auch frisch abgeriebene Muskatnuss verwenden. Mit Schnittlauch bestreuen. Es ist ratsam, das Glas vorzuwärmen, da die Köstlichkeit sonst schnell kalt wird.

Vorsichtig unterheben habe ich allerdings nie geschafft. Probieren Sie es aus, es wird Ihnen genauso gehen! Spätestens, wenn der Löffel das weiche Weiß anritzte, konnte ich mich nicht mehr beherrschen, zerstampfte den Inhalt des Glases lustvoll zu einer rötlich-braunen Pampe und freute mich wie ein kleines Kind. Dem Geschmack schadet diese rabiate Vorgehensweise keineswegs, im Gegenteil.

Ich erinnere mich noch gut an den Schwarzwaldurlaub mit meiner Großmutter.
Ich war fünf Jahre alt und bekam die glibbrige Eipampe zum ersten Mal vorgesetzt. Seitdem war ich süchtig danach. Aber immer in „Maßen, nicht in Massen", wie meine Oma zu sagen pflegte, und ich hielt mich daran.
Wie gesagt, ich liebte es!

Bis mein Angetrauter eines Sonntagmorgens viel zu früh in die Küche tappte, mein Ritual zerstörte und mit aufgerissenen Augen auf meinen verschmierten Mund starrte. Er guckte mich an, als ob ich ein leibhaftiger Dämon wäre und nicht seine Frau, die er schon seit Jahrzehnten kennt.
Und dann kostete er …
Die Verwandlung war unglaublich!
Mir fehlen grad die Vergleiche, aber ich kann es ja versuchen: vom zerzausten Straßenkater zum genießerischen Salonlöwen oder noch bildlicher: vom Robin zum Superman. Kostüme braucht die Fantasie hierbei nicht. Wenn Sie seinen Bierbauch sehen könnten, haha!
Ich ließ mich sogar herab, ihm mit meinen eiverklebten Lippen einen Kuss aufzudrücken. Der erste seit wie vielen Jahren?
Wahrscheinlich war ich in diesem Moment glücklich.
Glauben Sie mir, Ich liebe meinen Mann, doch noch mehr liebe ich meine Eier im Glas. Nicht dass Sie mich falsch verstehen!
Ich war tatsächlich glücklich.
Doch neulich kam er auf die Idee, das täglich essen zu wollen – und zwar zum Abendbrot. Das war zuviel!
Können Sie sich das vorstellen? Jeden Tag!

Oh, meine Zeit ist knapp, ich muss zu meinem Mann ins Krankenhaus.
Was passiert ist?
Wie bitte?
Ob ich noch andere Hobbies habe?

Ja, Pilze sammeln ...

Rache

© Sacha Lenz

Glücklich war ich nicht an jenem Abend. Ich unternahm einen Spaziergang in die deutsche Nachbarstadt Konstanz. Ich musste wieder einmal raus. Ich war viel zu viel alleine. Zuhause. Ich musste aufpassen, dass mich die düstere Stimmung nicht vollends verschluckte.

Es war dunkel und regnerisch in den Konstanzer Gassen. Im Eingangsbereich des Kino Scala betrachtete ich die Filmplakate hinter den Glasscheiben und überlegte, ob ich mir „Novecento" von Giuseppe Tornatore ansehen sollte. Dann wurde mir klar, dass die alte Frau neben mir nicht das Filmplakat fixierte, sondern mich. Ich blickte in ihre wachen, leuchtenden Augen. Sie wandte ihren intensiven Blick nicht ab. Mein Herz begann heftig zu klopfen. Ich drehte mich wieder dem Filmplakat zu und las die Handlungszusammenfassung, ein Wort nach dem andern, um dann wieder von vorn zu beginnen. Als ich die Frau verschwunden glaubte, ging ich weiter.

Doch als ich auf die Marktstätte hinaus trat, stand sie plötzlich wieder vor mir. Ihr Blick leuchtete mich ernst und lange an.

Dann sagte sie: „Erzählen Sie niemandem von unserem Gespräch!"

Ich ging schnell weiter und wusste nicht, was das zu bedeuten hatte. Ich hatte kein Gespräch mit ihr geführt, nur mit ihren Augen. Und alles was mir daran aufgefallen war, war dieses unglaubliche Leuchten und die Verschlagenheit, die ich in ihnen zu erkennen glaubte.

Ich ging die Marktstätte hoch, dann rechts in die Tirolergasse, kurz links in die Münzgasse und gleich wieder rechts in die Hohenhausgasse. An der Ecke Salmannsweilergasse blieb ich kurz stehen, weil dort, mitten auf der Gasse drei weiße Tauben hockten und mich anblickten. Dann wandten sie sich ab und flogen in die Salmannsweilergasse hinein. Ich konnte mich nicht erinnern, jemals in Konstanz weiße Tauben gesehen zu haben.

Einem Impuls folgend ging ich ihnen nach und versuchte, sie nicht aus den Augen zu verlieren. Dann, beim St. Stephans-Platz flogen sie immer weiter in den Himmel hinauf. Ich sah ihnen nach, solange bis ich sie nicht mehr sehen konnte. Ich senkte meinen Blick und erschrak – so sehr wie ich nie zuvor in meinem Leben erschrocken war. Fünf Meter vor mir auf dem nassen Pflaster lag ein Mensch, regungslos, in sich zusammengefallen wie ein leerer Sack, mit dem Gesicht zum Boden. Anhand des Mantels erkannte ich sofort, dass es die alte Frau war, die mir verboten hatte, jemandem von unserem Gespräch zu erzählen. Sie war tot, das spürte ich.

Alles an mir begann zu zittern, mein Herz bebte und ich bekam kaum noch Luft. Gott im Himmel, was war geschehen? Was war zu tun? Lauerte noch Gefahr in der Nähe? Für eine oder zwei Minuten wohl waren mein Körper und mein Verstand erstarrt. Nichts ging mehr. Dann fuhr ein graugrüner VW-Bus auf den St. Stephansplatz. Er hielt quietschend neben mir. Drei Polizisten in blauen Overalls mit kugelsicheren Westen darüber, sprangen aus dem Bus, nahmen Deckung hinter dem Fahrzeug, richteten ihre Schnellfeuerwaffen auf mich und befahlen mir, mich zu ergeben.

Ich spürte nichts mehr. Die Angst, das Herzklopfen waren weg. Ich hob beide Hände über den Kopf und sagte, dass ich nicht bewaffnet sei. Zwei der Polizisten kamen langsam auf mich zu. Dann packte mich der eine an den Händen und legte mir Handschellen an. Sie stießen mich in den Bus und fuhren mit mir zum Benediktinerplatz, zur Polizeidirektion.

Mit Hand- und neu auch Fuß-Schellen saß ich in einem Büro der Polizeidirektion Konstanz vor einem weißen Schreibtisch. Einer der Polizisten, die mich festgenommen hatten, saß hinter mir in einer Ecke und bewachte mich. Die Maschinenpistole hatte er in einem Nebenraum abgelegt. An seinem mit Utensilien überfrachteten Gurt befand sich unter anderem eine Pistole, die er im unwahrscheinlichen Fall, dass ich einen Fluchtversuch unternehmen würde, aus dem Halfter ziehen konnte.

Die Bürotür stand einen Spalt weit offen. Vor der Tür diskutierten drei Polizeibeamte aufgeregt miteinander und einer davon, offenbar der Vorgesetzte, explodierte alle zwei Minuten und erhob seine Stimme gegen die anderen beiden, die einen etwas ratlosen Eindruck machten, soweit ich das erkennen konnte. Dann betrat der Vorgesetzte – M. Günther stand auf seinem Namensschild – das Büro, in dem ich saß. Er setzte sich mir gegenüber an seinen Schreibtisch, bewegte ein paarmal seine Computermaus, während er auf seinen Flachbildschirm starrte. Dann lehnte er sich zurück und begann mit seinem Verhör:

„Warum haben Sie die Frau umgebracht? Wer war sie? Was hat sie Ihnen getan?"

„Ich habe niemanden umgebracht. Ganz bestimmt nicht. So etwas könnte ich niemals tun. Ich kenne diese Frau nicht einmal", antwortete ich überraschend ruhig. Ich wusste nicht, wie mir geschah und irgendwie spürte ich mich selbst nicht mehr und irgendwie hatte ich keinerlei Angst.

Der Beamte Günther wollte gerade weitere Fragen stellen, doch dann unterbrach er sich, schüttelte den Kopf, murmelte etwas wie: „Nein, so geht das nicht, so kann ich keine Befragung machen", stand auf und rief dem hinter mir sitzenden Beamten im Rausgehen zu: „Sperren Sie ihn vorläufig ein".

Ich verbrachte also meine erste Nacht im Gefängnis. Ein kleiner weißer Raum, Bett, Waschbecken, Lüftung. Sonst nichts. Ich starrte an die Decke und schlief irgendwann für ein paar Stunden ein. Mein Kopf war voller Fragen, mein Körper immer noch wie gelähmt.

Irgendwann am nächsten Tag – ich hatte das Gefühl, es müsse mindestens schon Mittag sein – polterte ich an die Metalltür und rief laut „Hallo!", immer und immer wieder, bis ein Beamter ein kleines Fenster an der Tür öffnete und mich fragte, was los sei. Ich wollte wissen wie spät es war und ob ich nicht das Recht hätte, jemanden anzurufen. Etwa eine halbe Stunde später kam er wieder und brachte mich zu einem Telefonapparat.

„Sie haben drei Minuten", sagte der Beamte und ging im Raum auf und ab.

Ich überlegte, wen ich am besten anrufen sollte und entschied mich für Nico Colaci, einen alten Freund von mir, der inzwischen Rechtsanwalt war. Nico hieß mit vollständigem Vornamen Nicodemo und stammte aus Apulien. Ein Secondo, der es zu etwas gebracht hatte.

Er kenne sich nicht aus mit dem deutschen Verfahrensrecht, aber er werde schauen, was er tun könne, sagte Nico.

Direkt nach dem Mittagessen, das ich unberührt zurückgegeben hatte, holte mich ein Wärter aus meiner Zelle und brachte mich wieder in das Büro des Beamten Günther. Dort saß auch Nico, was mich sofort zuversichtlich stimmte. Ich war angehalten, ein Formular mit all meinen Daten auszufüllen. Es enthielt außerdem eine Klausel, durch deren Unterzeichnung ich zusicherte, jederzeit erreichbar zu sein und mich einmal pro Woche telefonisch bei der Polizei zu melden. Dann konnte ich gehen. Ich umarmte Nico innigst und begann zu heulen. Jetzt erst entlud sich all die Belastung, die mich die letzten Stunden ebenfalls gefangengenommen hatte.

Nico hatte mich nach Hause gefahren und mir auf der Fahrt erzählt, dass die Polizei keinerlei Beweise dafür habe, dass ich die Frau umgebracht habe.

„Ich habe niemanden umgebracht", erwiderte ich scharf.

Es gäbe nicht einmal Beweise dafür, dass überhaupt jemand umgebracht worden sei, sagte Nico.

„In der fraglichen Nacht ist viel losgewesen. Deshalb hat die Polizei nur einen Wagen zu deiner Festnahme geschickt. Sie wurde von einer Anwohnerin alarmiert. Diese hatte beobachtet, wie Du vor der reglos am Boden liegenden Person gestanden hast. Die Polizei ist dann mit dir sofort zur Polizeidirektion gefahren und hat nicht auf die Ankunft der Verstärkung gewartet. Als der zweite

Polizeiwagen am Tatort eingetroffen war, lag keine Leiche mehr da. Nichts. Nirgends."

„Was?", sagte ich.

„Ja", antwortete Nico, "sie haben nichts in der Hand, nicht einmal eine Leiche, deshalb mussten sie dich auch wieder gehenlassen. Sie können nicht mal beweisen, dass überhaupt irgend etwas passiert ist."

Am nächsten Morgen fand ich einen Zettel in meinem Briefkasten. Darauf stand: *Wir treffen uns dort, wo es keine Zeit gibt. Heute. 20:00 Uhr.*

Was sollte das nun wieder bedeuten? Das klang so sonderbar wie die alte Frau vor zwei Tagen.

„Erzählen Sie niemandem von unserem Gespräch", hatte sie leise, aber bestimmt zu mir gesagt. Ich ging zurück in die Wohnung, machte mir einen Kaffee und setzte mich an den Küchentisch. Ich versuchte, meine Gedanken und die Bilder in meinem Kopf zu ordnen. Ich war den Tauben gefolgt, dann traf ich auf diese menschliche Hülle, die auf dem St. Stephansplatz lag. Dann kam die Polizei. Doch war da nicht noch etwas gewesen? Hatte ich nicht im rechten Augenwinkel eine vorbeihuschende Gestalt gewähnt, in T-Shirt und Leggins nur gekleidet und das bei dieser Kälte? Und war mir diese Gestalt nicht irgendwie bekannt vorgekommen?

Gegen Angst und Vernunft ankämpfend, ging ich am Abend los in Richtung Konstanz. Ich nahm denselben Weg wie zwei Tage zuvor, bis ich mich in der Mitte des Stephansplatzes wiederfand. Ich blickte umher und überlegte, was nun zu tun sei. Dann folgte ich meinem Gefühl in die Verbindungsgasse zur Torgasse. Ich ging langsam. Schon seit Jahren war ich nicht mehr hier durch spaziert. Das letzte Mal wohl vor sechs Jahren, gemeinsam mit...

... plötzlich durchfuhr es mich stromschlaggleich. Das letzte Mal, als ich hier durchgegangen war, ging Nadja an meiner Seite, Nadja mit ihren wunderbaren, unfassbar leuchtenden Augen und den feuerroten Haaren. Sie war über alle Maßen in mich verliebt gewesen. Und ich in sie. Aber ich war ein Gefühls-Wrack gewesen, eine wandelnde offene Wunde, die Isabella-Enttäuschung hatte noch immer an meiner Seele genagt. Wie sehr musste ich Nadja verletzt haben, als ich sie am Ende abserviert hatte, hart und kalt. Ich hatte mir und ihr einzureden versucht, es sei für beide besser so und dass ich über kurz oder lang nur uns beide verletzt hätte, wenn ich anders gehandelt hätte. Was für ein monströser Idiot war ich doch gewesen.

In dieser Gasse war auch das Café gewesen, in dem sich unsere Abschiedsszene zugetragen hatte. Wie war noch der Name? Da vorne war es ja immer noch. Ich beschleunigte meine Schritte und blieb vor der Tür stehen. Zeitlos. So hatte es geheißen. Zeitlos, dort wo es keine Zeit gibt. Ich ging hinein und setzte mich an den hintersten Tisch, dorthin, wo ich mit Nadja gesessen hatte. Ich bestellte einen Latte Macchiato und blickte auf die Uhr: 19:58 Uhr.

Wie es meine Gewohnheit war, gab ich keinen Zucker in den Latte, führte meine Lippen zum Glas und schlürfte die Schaumkrone weg. Als ich etwas Festes, Fleischiges an meinen Lippen spürte, erschrak ich und ließ das Kaffeeglas beinahe fallen. Gott, was konnte das denn sein? Ich nahm den Löffel, steckte ihn ins Glas und hob dieses Etwas heraus.

Es war – eine Maus, fett, grau und totenstarr.

Ich rannte zur Toilette, um mich zu übergeben. Es gelang mir nicht. Ich wusch mir das Gesicht und spülte meinen Mund ein Dutzend Mal aus. Dann ging ich zurück an meinen Tisch und während ich mich wieder setzte, sah ich, dass auf dem Unterteller ein beschriebener Zettel lag. Darauf stand:

Mein Plan ist aufgegangen. Die „Leiche" bestand aus abgelegten Kleidern meiner Großmutter und einer verblüffend echt aussehenden Gummimaske. Ich habe alles wieder verschwinden lassen, bevor die Polizei mit der Verstärkung da war. Die alte Frau war ich selbst, die Anwohnerin, die die Polizei verständigt hat, meine Studienkollegin Anna, die als Kellnerin im Zeitlos arbeitet. Und Du bist ein Schwein. Wie war's im Gefängnis? Ich habe Dich so sehr geliebt. Wie gerne wäre ich die Eine gewesen, die alle Tage ihres Lebens an Deiner Seite verbringen darf. Du bist mit Deinem Leben auf eine Straße eingebogen, die weg von mir führte. Und das Leben ist eine Straße, auf der man nicht wenden kann.

N.

Fabers Tod

© Dora Klein

„Sie haben den Faber gefunden!“
„Ich wusste nicht, dass den wer gesucht hat.“
„Er steckte unter Gittas Haus!“
„Gitta hat ihn also umgebracht? Na, ich fand Gitta immer schon sehr exzentrisch.
„Sie war´s nicht.“
„Wer hat ihn denn gesucht?“
„Du stellst immer die falschen Fragen.“
„Also wer? Sag schon.“
„Was hat das nun mit der Tatsache zu tun, dass er tot ist?“
„Du stellst mir auch immer die falschen Fragen.“
„Ich dachte, es interessiert dich.“
„Warum sollte mich das interessieren? Hast du dazu auch eine Vermutung?“
„Wozu sollte ich auch eine Vermutung haben? Du bringst mich immer aus dem Konzept.“
„Du hast ja immer gedacht, ich hätte was mit Faber…“
„Was? Da liegst du komplett falsch!“
„Warum wolltest du dann nie, dass er zu uns rüberkommt?“
„Er war hinterlistig, falsch und intrigant, ich konnte ihn nicht ausstehen. Das ist doch Grund genug, oder?“
„Hast du ihn gesucht?“
„Nein. Warum fragst du?“
„Nun, wenn es Gitta nicht war, du hattest ja offensichtlich einen Grund.“
„Ich hab ihn aber nicht gesucht!“
„Du bringst mich auch immer aus dem Konzept.“
„Faber verschwand schon im Herbst, als wir dichtmachten.“
„Woher weißt du, wann er verschwunden ist, wenn du ihn gar nicht gesucht hast?“
„Er kam nicht auf die Siedlervereinssitzung zum Saisonstart und er hatte zuvor all die Jahre noch keine einzige versäumt.“
„Du warst auch nicht auf der Sitzung und dich hat trotzdem keiner gesucht.“
„Sei bitte nicht unlogisch, ich war ja auch nicht verschwunden.“
„Aber das konnten die anderen ja nicht wissen!“
„Wir alle wissen, dass Faber alleine war. Er hatte niemanden. Nur uns.“

„Uns hatte er auch nicht. Er benützte uns alle nur als Streitobjekte. Um seine Kriege gegen die Windmühlen zu führen. Don Faber.“

„Don Faber?“

„Quichote?

„Willst du wissen, was er unter dem Haus von Gitta zu suchen hatte?“

„Ihre anderen Verflossenen suchen!“

„Was meinst du nun damit wieder?“

„Nun, alleine im letzten Sommer waren da einige Herren bei Gitta, die nicht vom Siedlerverein waren und man hat sie danach nie wieder gesehen.“

„Mir ist nie aufgefallen, dass du neidisch auf Gitta bist.“

„Jetzt nicht mehr.“

„Du hast also aufgehört, neidisch auf Gitta zu sein? Warum dies?“

„Na, ich möchte nicht in dem Gestank leben!“

„Gestank?“

„Na, mit dem Faber unterm Haus.“

„Sie hat kein Wort davon gesagt.“

„Das macht sie in meinen Augen schuldig.“

„Sie war ja nicht da.“

„Um so mehr.“

„Das musst du mir erklären.“

„Sie hat sich vor dem Gestank gedrückt und gewartet, bis man ihn gefunden hat. Sie kam sonst immer zu Saisonstart. Sie war immer eine von den ersten am See und legte sich nackt in ihren Liegestuhl, damit Faber was zum Spannen hatte.“

„Und?“

„Und, und – du denkst überhaupt nicht logisch. Warum sollte sie sich also beeilen in den Liegestuhl zu kommen, wenn sie ja wusste, dass Faber tot ist.“

„Mhh“

„Ja, mhh – das gibt dir zu denken. Wer hat gesagt, Gitta war´s nicht?

„Ich hab das gesagt.“

„Hattest du was mit Gitta?“

„Warum fragst du mich, ob ich was mit Gitta hatte?“

„Weil du sie verteidigst.“

„Ich verteidige Gitta keinesfalls, aber sie war´s nicht.“

„Jetzt interessiert es mich doch!“

„Sein Körper zeigte zahlreiche Bisswunden – post mortem“

„Also, als Domina kann ich mir Gitta nicht vorstellen.“

„Post mortem – heißt: gebissen nach dem Tod. Es waren Tiere – nicht Gitta!“

„Er ist also nach seinem Tod an den Bissen gestorben? – Skurril !"
„Du treibst mich in den Wahnsinn. Natürlich ist er nicht an den Bissen gestorben. Er hatte einen Infarkt."
„Er ist unter Gittas Haus gekrochen, um einen Infarkt zu kriegen? Das hätte er doch auch einfacher haben können ..."
„Wie, einfacher?"
„Er hätte nur zur Sitzung kommen brauchen. Er hat sich da ja sowieso immer so aufgeregt, da hätte es sicher auch geklappt, mit dem Infarkt."
„Zu dem Zeitpunkt war er schon tot – wie hätte er da kommen können?"
„Warum warst du eigentlich nicht auf der Sitzung?"
„Ich hatte eine Gastroskopie, wie du weißt."
„Die du schon zweimal verschoben hattest."
„Was willst du damit sagen."
„Dass du mit Absicht den Untersuchungstermin so gelegt hast, dass du nicht zur Sitzung kommen musstest."
„Was hat das nun mit Faber zu tun?"
„Nichts, es ist mir nur aufgefallen."
„Sie sagen, er hätte eine Stirnlampe auf dem Kopf getragen und eine Kabeltrommel lag neben ihm. Aufgrund der vorgefundenen Werkzeuge vermuten sie, dass er etwas Elektrisches unter Gittas Verandaboden installieren wollte.
„Kann man von einem Stromschlag einen Infarkt bekommen?"
„Ich denke schon."
„Dann warst du es!"
„Spinnst du jetzt schon ganz?"
„Du hast doch Fabers Sicherungskasten mit den 35 Ampere Sicherungen ausgestattet und noch gesagt, er soll sie gegen 25Ampere austauschen, weil die sonst bei einem Fehlstrom zu spät auslösen könnten."
„Du hast Recht, ich hätte wissen müssen, dass Faber zu geizig ist, sich neue Sicherungen zu kaufen, ehe die alten kaputt sind. Gut, dass es die Polizei anders sieht."
„Komm, lass uns ins Haus gehen, die Gelsen kommen."
„Dem Faber sind die jetzt wurscht."
„Sobald er von der Gerichtsmedizin freigegeben wird, verbrennen sie ihn."
„Doppelt gemoppelt."
„Was, doppelt gemoppelt?"
„Na offensichtlich ist er ja schon einmal abgebrannt – strommäßig. Der stirbt bald öfters als a Katz´. Zuerst trifft ihn der Stromschlag, dann der Infarkt und post mortem die Bisse, dann ist er sicher über den Winter erfroren und jetzt

wird er auch noch verbrannt. Eins muss man ihm lassen, er stirbt gründlich."
„Deine morbide Logik ist erheiternd."
„Akte Faber geschlossen!"

Die Suppenköchin

© Fyona A. Hallé

Endlich!

Nach all der Zeit, nach all den Hindernissen werde ich mich heute endlich rächen können. Jahre hat es gedauert, bis ich dem Elend meiner Kindheit entkommen war, Jahre, bis ich die Kunst des Kochens erlernt hatte und nochmals Jahre, ehe ich mir einen Ruf geschaffen hatte. Jetzt bin ich Suppenköchin in der königlichen Küche und in Kürze werden der König, die Königin, der Hofstaat und all die anderen Parasiten, die da oben tafeln, meine Suppe serviert bekommen. Es soll das letzte Mal sein, dass sie etwas derart Köstliches werden genießen können!

„Was ist mit der Suppe, Hannah? Es geht gleich los!"

„Alles klar, Chef. Bin längst soweit!"

Fast soweit, heißt das. Natürlich kann ich meine geheime Zutat nicht einfach so in die Suppe schütten: erstens pflegt der Küchenchef sie abzuschmecken; zweitens wird jede Speise, die auf die königliche Tafel kommt, von einem Vorkoster gekostet. Aus gutem Grunde ... natürlich hätte ich ein langsam wirkendes Mittelchen finden können; aber meine Rache gilt schließlich nicht dem Personal.

„Also, Hannah, fang schon mal – wo willst du hin?"

„Ich muss nur rasch in den Eiskeller, Chef!"

„Jetzt?"

„Ich habe Fritz versprochen, den Nachtisch rechtzeitig hochzuholen, damit er antauen kann; er hat ja alle Hände voll zu tun. Bin gleich wieder da!"

Nach einigen Wochen in der königlichen Küche kam mir die Erleuchtung: Der Eiskeller! Ich ließ mein Mittelchen im Freien gefrieren – glücklicherweise herrschte gerade Frost! – legte die zu Kügelchen erstarrten Elixier-Einheiten ins Wasser und ließ dann auch dieses gefrieren. So erhielt ich Eiswürfel, in die mein Mittelchen ‚verpackt' war; damit sie nicht oben schwimmen, habe ich außerdem kleine Münzen mit eingefroren. Frühmorgens, wenn ich allein in der Küche war, habe ich das Timing geprüft und angepasst: Solange Küchenchef und Vorkoster die heiße Suppe kosten, sollte am Boden der Schüssel erst das Eis schmelzen; sobald die Suppe auf den Tisch kommt, würde sich das Mittelchen selber verflüssigen und in der Schüssel verteilen – und so wird es in jeden Suppenteller gelangen. Ein perfekter Plan – solange ich die Eiswürfel ungesehen in die Schüssel schütten kann, heißt das!

„Hannah; was ist? Wo bist du; wo bleibst du? Ich habe die Suppe schon abgeschmeckt; alles bestens!"

„Danke, Chef; bin gleich wieder oben!“

Gut, offenbar hat niemand die Eiswürfel bemerkt! Ab in die ausgepolsterte Tasche damit ... Fritzens Nachtisch ... wie üblich – viel zuviel Schokolade dran!

„So, da bin ich Chef! Moment, ich stelle noch das Dessert ab, wäre doch schade drum ... so, schon fertig! Wo ist meine Kelle?“

„Gleich vor deiner Nase!“

„Das ist nicht meine, das ist die von Erich. Soll ich die Suppenkelle vom Küchenjungen benutzen, die er dauernd ableckt!? Schaut doch mal nach, ob der Bengel sie wieder runtergeworfen hat; ich muss hier rühren.“

So, alles sucht, keiner guckt. Rein mit den Würfeln; ein wenig Suppe drüber... perfekt!

„Ich habe sie. Sie lag im Abwasch!“

„Na, immerhin; her damit, und spül die andere hier auch mal gründlich ab! So, Eugen, halt die Schüssel und ich schöpfe weiter. Aber nicht wackeln!“

Schau doch nicht gar so gierig in die Schüssel, Eugen! Ja, ich weiß, meine Suppe sieht heute wieder lecker aus, sie riecht köstlich und, glaub mir, sie schmeckt sogar noch besser! Trotzdem wird auch heute wieder viel zuviel übrig bleiben. Ehe womöglich ein einziges Mal von einem einzigen Gang zuwenig da ist, kocht man in dieser Küche lieber doppelt so viel als nötig. Aber, auch dieses glaub mir, Eugen: heute ist es besser, wenn das Personal nichts davon abbekommt! Ob ihr Köche, Kellner und Küchenjungen überhaupt ahnt, wie gut es euch geht – relativ gesehen? Die meisten Kollegen kommen aus der Residenzstadt; viele sind Söhne und Töchter von Handwerkern, einige entstammen dem Bürgertum und auch ein paar uneheliche Kinder aus Adel und Klerus wurden hier untergebracht. Schwierige Zeiten mögen sie erlebt haben, aber Hunger? Appetit vielleicht, Kohldampf ... aber echten, beißenden Hunger? Kaum!

Meine Familie dagegen – eine Familie von Tagelöhnern – die war derart arm, dass Hunger der Normalzustand war. Was es bedeutet, wirklich satt zu sein, das lernte ich erst während meiner Lehre, als man die Reste aufessen durfte. Wir jedoch lebten selbst in guten Zeiten von der Hand in den Mund; in schlechten Zeiten war es schlimmer, viel schlimmer: wir mussten Kräuter, Eicheln und Rinde im Wald sammeln, wenn wir etwas zu Essen haben wollten. Wir aßen Gras wie das Rindvieh; ein Festtag war es, wenn uns mal eine verirrte Hauskatze in die Hände fiel. So starben von uns acht Geschwistern sechs: unser ältester Bruder wurde gar wegen Wilderei hingerichtet, nur meine jüngste Schwester und ich überlebten.

Vor zehn Jahren verstarb auch mein Vater, danach gelang es meiner Mutter, mich zum Koch der Dorfschänke in die Lehre zu geben. Inzwischen lebt sie und meine Schwester hier in der Stadt. Sie sollen nie wieder hungern müssen! Doch auf demselben königlichen Gut arbeitete noch ein Dutzend weiterer Tagelöhner-Familien, ihnen geht es noch immer so dreckig wie uns damals ... und der König hat viele Güter und sehr, sehr viele Tagelöhner...

„Also gut; die Suppe ist unterwegs; das war dieses! Als nächstes der Fisch für die warme Vorspeise, na los! Vorwärts! Hannah, hilfst du Fritz?"

„Mache ich, Chef!"

So weit, so gut! Nun wird die Schüssel durch die Gänge und die Treppen rauf getragen. In der Vorkammer kostet sie der Vorkoster, dann kommt sie auf die königliche Tafel. Glücklicherweise sollte fast alles noch mit der kalten Platte beschäftigt sein, wenn die Suppe reinkommt; man kann es den hohen Herrschaften ja nicht zumuten, womöglich ein Minütchen auf den nächsten Gang warten zu müssen! Ein Essen mit mehreren Gängen, Vor- und Nachspeise, das war für mich, für meine Eltern und meine Geschwister völlig unvorstellbar, geradezu utopisch! Da oben tafeln nun dreißig Damen und Herren. Von dem, was wir ihnen hier und heute servieren, könnten bequem hundert Leute satt werden; mit dem Geld, was es kostet, könnte man tausend Tagelöhner einen Monat verpflegen. Aber ihr werdet schon sehen, was ihr davon habt! Ich hoffe nur, dass niemand Verdacht schöpft, weil meine Schwester in der Hofapotheke arbeitet, Zugang hat zu allen Medikamenten und Mittelchen und sich mittlerweile auch sehr gut mit deren Wirkung auskennt ...

„Was heißt, der Fisch ist schlecht? Der kam erst heute früh vom Markt; lass mal sehen ...

Was ist denn das!? Der ist ja wirklich schlecht! Das ist ja ... Fritz, hol mal schnell den Hering aus dem Eiskeller. Wir brauchen Ersatz!"

„Hering? Für die königliche Tafel? Der war fürs Personal gedacht!"

„Richtig zubereitet, merkt das keiner. Macht schon, es eilt! Und du, Hannah: stell schon mal die Pfannen auf den Herd!"

„Schon unterwegs, Chef!"

Ja, wenn die hohen Herrschaften wüssten, wie hier unten manchmal gearbeitet wird; sie würden wohl nicht ganz so bedenkenlos spachteln. Nun ja; bei der Verdauung kommen vielleicht doch noch einige der Gäste bis zum Fisch, ehe mein Mittelchen wirkt. Jetzt in etwa sollte die Suppe ausgeteilt werden ...

„Kompliment vom Vorkoster, Hannah: Die Suppe ist mal wieder herausragend!"

„Danke, Chef! Ist auch mit Liebe gekocht."

Vor allem aber mit einer ordentlichen Prise Hass! Man sagt ja, Rache sei ein Gericht, das kalt serviert werden sollte, aber in diesem Fall...

„Chef, ich glaube, wir brauchen den Hering doch nicht."

„Was ist denn, Karl? Sag mir nicht, dass da oben schon wer satt ist?"

Satt? Nach Lachs-Häppchen, Kaviar, Eiersalat, einer Aufschnitt-Platte und meiner gehaltvollen Suppe? Undenkbar!

„Nein, Chef: ein paar Gäste sind aufgestanden und mussten rasch raus; irgendetwas ist ihnen wohl nicht bekommen."

„Was!? Nun sagt mir nicht, dass schon wieder welche von den Eiern schlecht waren! Wenn – was ist denn jetzt? Warum kommt ihr Kellner schon jetzt runter?"

„Ein Unglück, Chef. Fast die Hälfte der Gesellschaft musste mittlerweile raus, bei einigen Damen war's wohl schon zu spät. Ein Unglück!"

„Wie? Was ist denn passiert?"

„Ich weiß nicht, Chef. Aber alle drängen sich plötzlich vor dem Lokus und ..."

„Der König auch; und eben hat es die Königin erwischt! Was machen wir jetzt?"

Irgendwie tut er mir ja leid, der Chef. Er versteht sein Handwerk und er ist ein recht umgänglicher Vorgesetzter; trotzdem wird man natürlich zuerst ihm die Schuld geben. Aber was soll man ihm vorwerfen – oder auch uns anderen? Schließlich hat der Vorkoster alles abgenickt ... Bis sich die Panik gelegt haben wird, dürfte sich mein Mittelchen in der Suppe längst zersetzt haben. Dann könnte man sie wieder bedenkenlos kosten, die einzige Wirkung wäre ein wohliges Gefühl der Sättigung.

Freilich, das vergeht; bei wem jedoch mein Mittelchen zur rechten Zeit im Magen gelandet ist, bei dem entfaltet es eine ganz andere Wirkung. Diese wird auch nicht wieder abklingen und offenbar gelang es mir, den Großteil der Gesellschaft damit zu treffen.

„Es ist eine Katastrophe, Chef! Alles, alles will plötzlich, äh, also, sie ... "

„Die Leute haben ein menschliches Bedürfnis, Chef! Alle zugleich! Die Toiletten reichen nicht, die Männer hängen an den Fenstern, die Frauen eilen in die Gärten und die Kinder ... "

„Das will ich gar nicht wissen. Was zum Teufel geht hier vor?"

Kollektiver Durchfall, Chef. Und zwar ein ganz übler! Das wird die jetzt alle heimsuchen – und zwar nach jeder Mahlzeit! Sobald sie das gemerkt haben werden, wird in ein, zwei Tagen der Hofapotheker – der Chef meiner Schwester, und bald wohl auch ihr Gatte – gerufen, und nach längeren Untersuchungen wird er seine Diagnose stellen: alle üppigen Speisen würden bei den Teilnehmern des Gastmales sofort wieder zu Durchfall führen; je üppiger, desto massiver die Folgen – oder desto flüssiger, um genau zu sein. Jede Art von Fleisch, die meisten Teigwaren, exotische Gewürze, Alkohol und so fort; all das wäre künftig tabu; als bekömmlich sollte sich nur noch einfaches Gerstenbrot, die meisten Gemüse-Sorten, einiges an Obst und allerlei Kräuter erweisen – und Wasser, versteht sich. Natürlich wird man hoffen, dass sich all dies bald wieder gibt, natürlich wird man die besten Ärzte des Landes konsultieren – aber vergeblich. Es wird den hohen Herrschaften nichts anderes übrig bleiben, als künftig den Speisezettel ihrer Tagelöhner zu übernehmen.

Hier werde ich wohl nicht mehr gebraucht. Aber nächsten Monat eröffnet die römische Kirche in der Stadt ihr Konzil; da treffen sich Kirchenfürsten von nah und fern. Ich bin sicher, sie suchen auch erfahrene Suppenköche ...

Der Anwalt

© Bernd Teuber

Dr. Bernau liebte es, nachts zu arbeiten. Wenn die Dunkelheit wie eine Schutzhülle um den Lichtkegel der Tischlampe lag, fand er die scharfsinnigen Formulierungen, die ihn erfolgreich gemacht hatten. In solchen Stunden verlor die Umwelt für ihn an Bedeutung, so vertieft war er in seine Arbeit. Der schlanke Mann mit den dunklen Haaren, der leise das Zimmer betreten hatte, musste sich mehrmals räuspern, bis er bemerkt wurde. Dr. Bernau wollte überrascht aufspringen, aber die Mündung der Pistole, die auf ihn gerichtet war, hielt ihn zurück.

„Wer sind Sie?“ stammelte er. „Was wollen Sie von mir?“

Der Mann antwortete nicht. Er ging zu dem Stuhl, der zwei Schritte von dem Schreibtisch entfernt stand, setzte sich und spielte mit der Waffe. Dr. Bernau gewann seine Selbstsicherheit zurück. Er betrachtete den nächtlichen Besucher, musterte den abgetragenen Mantel, die hohe, von tiefen Falten durchfurchte Stirn und die schmalen weißen Hände. Wie ein Verbrecher sah der Mann eigentlich nicht aus, verrückt konnte er auch nicht sein. Dazu waren die Augen zu klar und das Lächeln um seinen Mund zu spöttisch.

„Was wollen Sie von mir?“, fragte Dr. Bernau abermals. „Oder soll ich lieber fragen, wieviel Sie haben wollen?“

„Ich will kein Geld“, sagte der Mann. Gleichzeitig verschwand das Lächeln aus seinem Gesicht.

„Was wollen Sie dann?“

„Sie haben Norbert Riedel verteidigt“, erwiderte der Besucher.

„Ja, das habe ich.“

„Riedel hat eine Frau überfallen und zusammengeschlagen.“

„Ich konnte das Gericht davon überzeugen, dass er es nicht getan hat“, sagte der Anwalt energisch. „Warum interessieren Sie sich für diesen Fall?“

„Vielleicht bin ich der Bruder des Opfers und davon überzeugt, dass nur Ihre juristischen Tricks den Täter vor seiner gerechten Strafe bewahrt haben. Vielleicht will ich Sie dafür zur Rechenschaft ziehen.“

Dr. Bernau schüttelte den Kopf: „Das Opfer hat keinen Bruder.“

Der Mann lächelte überlegen: „Vielleicht bin ich ein Freund des Opfers. Vielleicht bin ich ein Freund aller Opfer, deren Täter Sie und Ihresgleichen der Gerechtigkeit entzogen haben. Vielleicht bin ich ein Freund dieser Gerechtigkeit, und davon überzeugt, dass Menschen Ihres Standes gefährlicher sind, als die

Verbrecher, die dank Ihrer Beredsamkeit straffrei ausgehen."

Der Anwalt antwortete nicht. Also doch ein Verrückter, dachte er. Sein Verstand arbeitete fieberhaft. Er suchte nach einer Möglichkeit, um den Fremden entwaffnen zu können. Und plötzlich hatte er die rettende Idee. Er bückte sich.

„Lassen Sie das!", sagte der Mann und hob die Pistole.

„Ich werde mir doch wohl noch meine Schnürsenkel zubinden dürfen", knurrte Dr. Bernau.

„Von wegen. Sie wollten mich zu Fall bringen, indem Sie den Teppich wegziehen, auf dem mein Stuhl steht. Und dann hätten Sie mir die Pistole aus der Hand geschlagen. Ein billiger Trick. Man findet ihn in jedem drittklassigen Kriminalroman."

Ein ganz Schlauer, dachte der Anwalt. Und wahnsinnig dazu. Eine gefährliche Mischung.

„Vielleicht haben Sie endlich die Liebenswürdigkeit, mir zu sagen, was Sie von mir wollen", verlangte er.

Nachdenklich betrachtete der Mann die Pistole: „Eine Frage beschäftigt mich schon lange", sagte er leise. „Hat nicht jedes Individuum das Recht, ein Urteil, das man selbst gefällt hat, zu vollstrecken?"

Dem Anwalt trat der kalte Schweiß auf die Stirn.

„Entweder erschießen Sie mich endlich", stieß er hervor, „oder Sie erlauben mir, dass ich weiterarbeite."

Sein Gegenüber antwortete nicht.

Mit zitternden Händen griff Dr. Bernau in das silberne Kästchen, das vor ihm auf dem Schreibtisch stand und steckte sich eine Zigarette in den Mund. Dann nahm er die Streichholzschachtel, die daneben lag, öffnete sie halb, zog ein Streichholz heraus, strich es an der Reibefläche, bis es sich entzündete und brannte die Zigarette an.

Ruckartig sprang der Unbekannte auf:

„Falsch, Doktor"!, rief er. „Es wäre besser, wenn Sie das Streichholz an die Zündköpfe der anderen Streichhölzer halten würden. Im Augenblick der Explosion werfen Sie mir die Schachtel ins Gesicht. Das irritiert mich und Sie können mir die Pistole aus der Hand schlagen. Ja, genau, das ist es! Haben Sie vielen Dank und entschuldigen Sie die Störung."

Er wandte sich zum Gehen, doch Dr. Bernau hielt ihn am Arm fest:

„Sind Sie verrückt?", schrie er.

„Nein", entgegnete der Unbekannte. „Ich bin Kriminalschriftsteller. Seit einer Woche quäle ich mich damit herum, aber nun weiß ich, wie der Held meines neuesten Romans mit dem Erpresser fertig werden kann."

Detektiv Marlock ermittelt: Der Fall der Frau von Knefenberg

© Heike Ebelt

„Danke, dass Sie sich die Mühe gemacht haben und gleich gekommen sind“, begrüßt der hagere, alte Mann den Detektiv am Eingang der luxuriösen Villa. „Ich bin Karl-Heinz, der Bruder der Toten“, stellt er sich kurz vor, „aber kommen Sie doch erst einmal herein.“

Detektiv Marlock betritt die große Empfangshalle der Villa. Ein Mann mittleren Alters im graumelierten Anzug dreht sich zu ihm um. Er hat die linke Hand in der Tasche seiner feingebügelten Hose vergraben; mit der rechten fährt er sich nervös durch die kurzen, blonden Haare.

„Guten Abend,“ begrüßt er den Detektiv mit einem kräftigen Händedruck, „Herr Marlock, nehme ich an? Wir haben Sie rufen lassen, da wir mit der Polizei nicht zuviel Aufsehen erregen wollen. Sie verstehen, die Nachbarn reden viel.“ Er zögert kurz, bevor er fortsetzt: „Gerade bei Selbstmord.“

„Und Sie sind...?“, fragt der Detektiv.

„Oh, entschuldigen Sie. Richard von Knefenberg“, er verbeugt sich leicht, „der Sohn.“

„Der einzige Sohn“, fügt Karl-Heinz erklärend hinzu: „Er ist umgehend gekommen, als ich ihm vom Vorfall erzählte.“

Eine kleine, rundliche Frau tritt auf Herrn Marlock zu, um ihm die Jacke abzunehmen. Der Detektiv lehnt jedoch dankend ab.

„Das ist Nancy, unsere gute Seele. Sie kümmert sich um den Haushalt und Besorgungen,“ stellt Karl-Heinz sie vor.

Nancy hat ein rundes Gesicht mit ovalförmigen Augen. Durch die welligen, dunkelgrauen Haare, die sie fein zu einer Frisur zusammengelegt hatte, sieht Nancy aus, als sei sie die ältere Schwester von Susan Boyle.

„Würden Sie uns bitte einen Tee zubereiten“, meint Richard zu Nancy. Aus seiner Stimme kann man deutlich heraushören, dass er die Haushälterin nicht um einen Gefallen bittet. Nancy knickst: „Selbstverständlich.“

„Bitte folgen Sie mir, Herr Marlock. Sie liegt in ihrem Zimmer. Wir haben nichts verändert. Hilde liegt immer noch so da, wie ich sie vorgefunden habe“, erklärt Karl-Heinz, während er leicht vornübergebeugt die großzügig geschwungene Wendeltreppe hochsteigt, die vom Eingangsbereich in den ersten Stock führt.

„Ich habe auch ihren Hausarzt, Doktor Wellner und meinen Sohn Nils rufen lassen, die jederzeit eintreffen müssten.“

Karl-Heinz öffnet die Tür zum Schlafzimmer einen Spalt:

„Lassen Sie sich die Zeit, die Sie brauchen."

Er beugt sich zu dem Detektiv hinüber: „Im Vertrauen, Herr Marlock", flüstert er mit leicht zittriger Stimme, „ich glaube nicht, dass Hilde Selbstmord begangen hat." In seinen winzigen grauen Augen blitzt eine Mischung aus Skepsis und Empörung auf. Der alte Mann schüttelt den Kopf: „Meine Schwester hat sehr am Diesseits gehangen. Ich hoffe nur, Sie können ihre Todesursache klären. Wir warten unten im Wohnzimmer auf Sie, Herr Marlock."

Der Detektiv nickt, schaltet das Licht ein und blickt sich im weiträumigen Schlafzimmer um. Die auberginefarbenen, schweren Samtvorhänge sind aufgezogen und erlauben einen Blick durch das Panoramafenster auf den hinteren Teil des gepflegte Anwesens, dem Rosengarten, der inzwischen in sanftes Gelb-Orange der Nachmittagssonne getaucht ist. Kleiderschrank, Kommode und Nachttisch sind im dunklen Mahagoniholz gehalten. Auf der Kommode vor dem Spiegel stehen verschiedene Cremes und Tinktürchen, ein leeres Wasserglas im Longdrink-Stil, woran etwas Lippenstift klebt und ein Bilderrahmen mit dem Foto des Mannes, der sich in der Eingangshalle als Richard von Knefenberg vorgestellt hatte. Neben dem Foto liegt ein geschlossenes Buch, ein Krimi von Agatha Christie, das einen Stoß am Buchrücken aufweist. Das ordentlich gemachte Bett in Queensize hat mehrere Kopfkissen übereinandergestapelt. *Wahrlich die Schlafstätte für eine Königin*, denkt Marlock. Im cremefarbenen Ohrensessel neben dem Bett sitzt kraftlos zusammengesunken eine alte Dame. Ihr weißgelockter Kopf ist etwas zur Linken geneigt, wodurch die goldgerahmte Lesebrille verrutscht ist. Ihr linker Arm, besprenkelt mit Altersflecken, baumelt ausgestreckt über die Sessellehne herunter und berührt beinahe den flauschigen Teppichboden. Dicht darunter liegt ein umgekipptes Whiskyglas mit einem winzigen Rest einer goldbraunen Flüssigkeit. Die rechte Hand, deren Gelenke deutlich geschwollen sind, ruht wie ein Briefbeschwerer im Schoße ihres Kleides auf ein zusammengefaltetes Stück Papier.

Marlock streift sich Latexhandschuhe über, zückt seinen Fotoapparat und macht Aufnahmen vom Schlafzimmer und der Toten. Er erkennt, dass an Augen und Mund der Frau bereits die Totenstarre eingesetzt hat, was bedeutet, dass der Tod vor ungefähr zwei Stunden eingetreten sein musste. Marlock schaut auf seine Armbanduhr. Es ist 17:34 Uhr. Zudem fällt ihm auf, dass die alte Dame eine pulvrige, weiße Substanz auf ihren mattrot geschminkten Lippen trägt. Er findet winzige Spuren derselben Substanz am Whiskyglas, dessen Inhalt scharf nach Alkohol riecht. Der obere Rand des Glases scheint ansonsten sauber, ohne Abdrücke. Der Teppich darunter ebenfalls. Marlock riecht am Mund der Toten und nimmt den Geruch bitterer Mandeln wahr. Vorsichtig entnimmt er der Hand die Notiz und faltet sie auf. In sauberer, schnörkelig-runder Handschrift steht darauf geschrieben: *„Ich halte es nicht mehr aus. Verzeiht mir bitte. Hildegard"*

Nach gut einer Viertelstunde erscheint der Detektiv im Wohnzimmer des Anwesens, wo sich inzwischen auch der Neffe der Toten und Doktor Wellner eingefunden haben. Nancy betritt mit einem Tablett das Zimmer und serviert den Gästen und dem Hausherrn eine warme Tasse des fein duftenden *Earl Gray*.

„Herr von Knefenberg hat mich gerufen. Er sagt, dass seine Schwester sich umgebracht hat. Ist das wahr?", hebt der Arzt an, nachdem er einen Zug vom Tee genommen hatte.

„Sich umgebracht?", wiederholt Nils ungläubig. Der Mann Mitte vierzig wirkt mit seiner John-Lennon-Brille und den langen braunen Haaren studentisch und damit jünger als er tatsächlich war.

„Ich bin dabei, dem auf dem Grund zu gehen, Doktor Wellner", erwidert Marlock, der sich inzwischen zu ihnen gesetzt hat. Die Tasse mit dem heißen Getränk steht vor ihm auf dem Tisch und verbreitet ihr angenehmes Aroma.

„Herr von Knefenberg, Sie sagten, dass Sie ihre Schwester aufgefunden hatten. Wann war das?", will Marlock wissen.

„Das war, als ich vom Golfspielen zurückkam. Das muss so kurz nach fünf gewesen sein", antwortet Karl-Heinz. „Kurz danach traf dann auch Nancy ein."

„Sie, Ihre Schwester und die Haushälterin waren die einzigen, die in dieser Villa wohnten?", fragt Marlock weiter nach, um sich ein Bild zu machen.

„Ja, so ist es, Herr Marlock", bestätigt der alte Mann. „Früher lebte noch Paul hier. Das war Hildes Ehemann. Der starb jedoch 2002."

Das Gesicht des Mannes verdüstert sich: „Und nun auch Hilde... Ich kann's immer noch nicht glauben."

Der Detektiv bemerkt, dass alle Tee trinken; nur er selbst und Richard ließen die Tassen bisher unangerührt. Nancy, die inzwischen verschwunden war, kehrt zurück und stellt eine floral verzierte Porzellanschüssel mit reichlich Gebäck auf die Mitte des oval geformten Mahagonitisches. Sie setzt sich zu den Anwesenden. Nils und Doktor Wellner greifen sofort zu und lassen sich das Gebäck sichtlich schmecken.

„Sie und Nancy kamen also nach fünf Uhr wieder zurück. Ich nehme an, dass Frau von Knefenberg daher für eine Weile alleine war", überlegt der Detektiv laut. „Wer hatte sie eigentlich zuletzt lebend gesehen?"

„Das war wohl ich", gibt die Haushälterin zu Antwort und setzt ihre Teetasse auf dem Tisch ab.

„Wann haben Sie das Anwesen verlassen und in welchem Zustand war Frau von Knefenberg zu jenem Zeitpunkt?“, fragt Marlock.

„Ich bin gegen drei los, wie jeden Donnerstag. Hildegard meinte, dass sie sich etwas ausruhen und eventuell lesen wird. Ich weiß nicht“, sie stockt und nimmt ihre Tasse wieder auf, „vielleicht war es nur mein Eindruck, aber es schien, als ginge es ihr nicht gut. Vielleicht war sie aber auch nur müde.“

„Ach, papperlapapp. Ihr ging es gut“, widerspricht Karl-Heinz energisch. Er schaut Nancy mit einem eindringlichen Blick an.

„Herr Wellner, können Sie das bestätigen?“, fragte Marlock den Arzt. „Können Sie mir sagen, ob Frau von Knefenberg gesundheitliche Probleme hatte?“

„Für ihre 83 Jahre war Frau von Knefenberg in einer guten gesundheitlichen Verfassung, abgesehen von ihrer rheumatoiden Arthritis. Sie müssen wissen, ich besuche ...“Der Arzt erkennt seinen Fehler und verbessert sich: „Ich *besuchte* sie regelmäßig jeden Monat, um ihre Blutwerte zu überprüfen. Ihre Werte waren gut.“

„Und wie war ihr psychischer Zustand?“, hakt Marlock nach.

„Wenn Sie auf Depressionen anspielen, Frau von Knefenberg war eine sehr lebensbejahende Person“, meint der Arzt. „Es gibt Menschen, die bei Problemen sich nicht anvertrauen und niemand hat auch nur eine Ahnung, was in diesen Menschen vorgeht“, führt er auf, als suche er selbst eine Erklärung für den Tod seiner Patientin. „Ganz kann ich das also nicht ausschließen. Frau von Knefenberg hatte Schmerzen“, lenkt er ein, „aber sie waren moderat und wir hatten sie durch die medikamentöse Behandlung sehr gut in Griff. Daher, finde ich, passt es so gar nicht ins Bild von Frau von Knefenberg. So lebensfroh wie ich sie kenne.“

„Ja“, pflichtet Herr von Knefenberg dem Arzt bei, „Hilde hatte viele Kontakte zu anderen, sie hatte Aufgaben, Hobbies, Pläne, ...“ Seine Stimme bricht. „Wissen Sie, sie liebte ihren Garten und machte jeden Tag ihren morgendlichen Spaziergang, um ihre Blumen und Sträucher zu betrachten: Rosen, Heckenkirschen, Climaten ...“

Karl-Heinz winkt ab, um anzudeuten, wieviele verschiedene Zierpflanzen seine Schwester in ihrem Garten hegte und pflegte.

„Sie liebte klassische Musik. Sie spielte mal Geige, aber seit der Arthritis ging das leider nicht mehr. Sie hat sich davon aber nicht unterkriegen lassen.“ Der alte Mann fuchtelt wütend mit der Hand in der Luft, um seiner Überzeugung Nachdruck zu verleihen: „Das wäre sonst nicht meine Hilde! Wissen Sie, Herr Marlock, Hilde ging gerne auf Konzerte oder Benefizveranstaltungen, um anderen zu helfen. Sie hatte ein *Ziel* im Leben!“ Der alte Mann sieht den Detektiv an, um zu sehen, ob sein Plädoyer gegen den Suizid Früchte trägt.

„Das stimmt, Tante war bei allen denkbaren Charity-Events dabei, um Gelder für gute Zwecke zu spenden“, ergänzt Nils, der sich die Brille mit den runden Gläsern zurechtrückt. „Sie hatte Geld und wollte es *sinnvoll* ausgeben. Nicht für Investitionen in tote Immobilien oder für Geschäfte, die den Kranken den letzten Groschen aus der Tasche ziehen“, sagt er und blickt dabei verächtlich in Richards Richtung.“

Richard hebt seine Hand und räuspert sich. Der Detektiv bemerkt ein billiges Rolex-Replikat an seinem Gelenk.

„Herr Marlock, was mein Cousin Nils andeuten möchte, bedarf vielleicht einer Erklärung“, sagt Richard gefühlsarm, ohne seinem Cousin auch nur eines Blickes zu würdigen. „Ich bin Vorstand des Pharmakonzerns *Knepharm* und Geschäftsführer der *Knefenberger Immobilie.*“

„Er hat ein goldenes Händchen für seine Geschäfte, das muss man ihm lassen,“ sagt Karl-Heinz anerkennend. „Sie nennen ihn sogar den König Midas im Immobiliengeschäft.“

„Ich investiere einfach den Gewinn sofort,“ erklärt Richard fast bescheiden. „Ich sage immer, Geld muss man arbeiten lassen.“

„Ja – und alles auf Kosten der Leidenden“, meint Nils erzürnt zu Richard. Dann sieht er den Detektiv an: „Ich arbeite in einem Waisenhospital, Herr Marlock. Da erlebe ich das Leiden der Kinder hautnah. Das sind Lebensgeschichten, die brechen einem das Herz.“ Nils pausiert kurz, dann: „Wissen Sie, wie es sich anfühlt, wenn man weiß, dass ein kleines 6-jähriges Mädchen, das an Krebs leidet, nicht lange zu leben hat, nur weil eine Operation, die ihr das Leben retten könnte, zu teuer ist? Aber Richard kennt so etwas nicht. Er wittert im Leiden der Leute höchstens ein Geschäft, um seine Medikamente an den Mann zu bringen. Selbst für die Medikamente seiner Mutter wollte er Geld“, schnaubt er wütend.

„Frau von Knefenberg nahm Medikamente?“, hakt Marlock nach und blickt den Arzt fragend an.

Der Doktor nickt: „Ich hatte ihr Auranofin verschrieben. Und ein Analgetikum.“ Der Doktor erklärt kurz: „Auranofin ist ein Goldpräparat gegen ihre Arthritis, die ich zuvor erwähnte. Es wird in Form von Filmtabletten gegeben. Das Analgetikum ist ein Schmerzmittel, worauf Frau von Knefenberg sehr gut ansprach.“

„Die hat sie auch täglich eingenommen“, fügt Karl-Heinz hinzu. „Dafür hat Nancy gesorgt.“

„Ja, jeden Tag zwei Tabletten Auranofin und eine Schmerztablette.“ Nancy blickt zum Arzt hinüber: „So, wie der Doktor das vorgeschrieben hat.“

Doktor Wellner nickt bestätigend, um zu zeigen, dass die Dosis stimmt.

„Eigentlich gebe ich sie Hildegard immer erst am Nachmittag gegen halb vier, aber am Donnerstag etwas früher, weil ich dann zum Einkauf in die Stadt fahre."

„Sie hatten heute den Einkauf getätigt?", fragt Marlock.

„Ja," antwortet Nancy. „Einmal die Woche erledige ich die Besorgungen, immer donnerstags. Frau von Knefenberg fertigt mir extra eine Einkaufsliste an. Normalerweise bin ich vor Herrn von Knefenberg zurück, aber diesmal wurde ich durch den Stadtverkehr aufgehalten und habe mich etwas verspätet. Herr Knefenberg war also schon da, als ich eintraf."

„Dürfte ich mal die Liste sehen?", fragt Marlock neugierig.

Nancy schaut den Detektiv etwas überrascht an. Sie sucht in ihren Taschen, bis sie einen zerknitterten Zettel hervorzieht, den sie ihm reicht, auf der in eckig-spitzer Handschrift geschrieben steht: *Vollkornbrot, Eier, Orangensaft ...* Ganz am Ende der Liste steht in schnörkelig-runder Schrift: *Mehl, Kartoffeln.*

„Haben Sie die letzten beiden Dinge in der Liste aufgeführt, Nancy?", fragt der Detektiv interessiert.

Nancy nickt: „Ja, manchmal fehlen ein paar Sachen auf der Liste, die ich dann ergänze."

„Sie sagten, dass Sie die Tabletten bereits früher gegeben hatten. Hat Frau von Knefenberg sie sofort eingenommen?", will Marlock wissen.

Die Haushälterin verneint und erklärt: „Ich habe das Wasserglas und die Medikamente auf ihre Kommode gestellt. Sie nimmt die Medizin dann alleine ein."

„Wasserglas?"

„Eher so ein Longdrink-Glas. Das ist schmaler und kann Hildegard besser in der Hand halten. Wegen der Arthritis."

„Ja, hat sich Tante Hilde denn mit ihren Tabletten umgebracht oder was?" ruft Nils verärgert dazwischen, der schon seit geraumer Zeit ungeduldig das Gespräch verfolgt.

„Wie kommt ihr überhaupt darauf, dass es *Selbstmord* war?", will er wissen.

„Es war kein Selbstmord", ist sich Marlock sicher.

„Nicht?" Richard, der die meiste Zeit geschwiegen hat, zeigt sich erstaunt.

Der Detektiv zieht die gefaltete Abschiedsnotiz hervor und legt sie zusammen mit der Einkaufsliste auf den Tisch.

„Normalerweise schreiben die Leute ihre Abschiedsbriefe selber. Oder wollen Sie behaupten, dass Frau von Knefenberg so sehr unter ihrer Arthritis litt, dass sie Ihnen den Brief diktieren musste?", fragt er die Haushälterin.

Nancys Augen weiten sich. Sie schluckt hart, denn sie hatte keine Antwort auf diese Frage und bricht zusammen: „Es tut mir so leid."

„Was soll das heißen?", platzt es aus dem alten Mann heraus.

„Eines nach dem anderen", beruhigt Marlock. „Bitte erzählen Sie, Nancy. Was war geschehen?"

Die Haushälterin beginnt: „Bevor ich gegen dreie los bin, habe ich das Wasserglas mit der Medizin vorbereitet, die Hildegard auch immer erst eine halbe Stunde später einnimmt. Normalerweise gebe ich ihr drei Tabletten, aber diesmal war ich wohl zu abgelenkt." Sie stockt kurz und erklärt dann weiter:

„Ich nehme an, ich muss ihr eine höhere Dosis hingelegt haben ..."

Schuldbewusst blickt sie Marlock an und fährt fort:

„Als ich dann kurz vor fünf zurückkam ..."

„*Vor* fünf?", stammelt Karl-Heinz leise und ungläubig.

„Da habe ich Frau von Knefenberg leblos in ihrem Sessel gefunden. Mit dem Wasserglas daneben."

Nancy schluckt, als sie sich an den Anblick der toten Dame erinnert.

„Ich habe Angst bekommen. Daher habe ich mir nicht anders zu helfen gewusst und einen Abschiedsbrief verfasst, den ich ihr unter die Hand schob," gesteht sie.

„So dass es wie Selbstmord aussieht", ergänzt Marlock. „Dann sind Sie mit dem gesamten Einkauf zur Garage und haben auf die Rückkehr von Herrn von Knefenberg gewartet, so dass es aussieht, als ob sie später eingetroffen wären", schließt Marlock.

Nancy nickt: „Es tut mir so leid", schluchzt sie und und blickt Karl-Heinz an, als bitte sie um Entschuldigung.

„Frau von Knefenberg ist jedoch nicht an den Tabletten gestorben", beruhigt er die Haushälterin, die ihn überrascht anblickt.

„Nicht?", entgegnet sie ungläubig.

Marlock schüttelt den Kopf: „Nein, ist sie nicht – und Doktor Wellner kann das sicherlich bestätigen."

Der Arzt nickt: „Im Grunde ist die Therapie sogar dahingehend ausgerichtet, dass die Auranofin-Dosis erhöht wird, da Frau von Knefenberg sehr gut auf das Präparat ansprach", bestätigt er. „Es hätte allenfalls allergische Nebenwirkungen verursachen, aber nicht tödlich wirken können."

Nancys Gesicht verdunkelt sich: „Aber dann, aber dann ..." stammelt sie ängstlich flüsternd, „wurde sie – ermordet?! Wer würde Hildegard so etwas antun wollen?"

„Hmm, ich wüsste schon einen Kandidaten", meint Nils und späht zu Richard hinüber. „Du magst zwar mit deinen Geschäften erfolgreich sein, Richard, aber war es nicht so, dass du deine Mutter erst kürzlich um eine enorme Summe

Geld gebeten hast, die sie dir aber abschlug? Und ist es nicht so, dass dir das Erbe jetzt mehr als gelegen kommt, weil du in in dieses Projekt investieren möchtest, dessen Angebot nur bis nächste Woche steht?", ruft Nils entzürnt.

„Ja, ich habe sie gefragt und ja, sie hat abgelehnt, weil sie das Geld bereits für eine Benefizveranstaltung verplant hatte. Aber das hat doch nichts mit ihrem Tod zu tun!", entrüstet sich Richard.

„Brauchen nicht vielmehr *Sie* das Geld, Nils?", wirft der Detektiv ein.

„Ich? Wieso ich?", erwidert dieser erstaunt, „abgesehen davon: Tante Hilde hätte mir das Geld gegeben!"

„Oh ja, das stimmt", ruft Richard genervt und wütend zugleich, „so gutgläubig wie Mutter war, hätte sie dir Nichtsnutz tatsächlich Geld gegeben."

„Hätte!", wiederholt Marlock. „Wenn sie nicht bereits tot gewesen wäre."

Nils und Richard schauen den Detektiv überrascht an.

„Sie wollten tatsächlich ihre reiche und großzügige Tante heute um Geld bitten", erklärt Marlock und schaut Nils an, ohne sich aus der Ruhe bringen zu lassen, „und zwar für eine OP eines 6-jährigen Mädchens. Aber es war zu spät. Sie fanden ihre Tante leblos in ihrem Sessel vor. Sie wussten, dass Richard ihr einziger Sohn und damit Erbe des Vermögens ist und das Geld damit verloren war. Richard würde es, wie jeder tüchtige Geschäftsmann, sofort investieren, noch mehr mit einem so vielversprechenden Projekt vor der Nase. Sie mussten daher einen Weg finden, um an das Geld zu kommen. Das ging nur, wenn er als Erbe nicht in Frage käme und Sie dadurch nachrücken würden. Daher hoben Sie das heruntergefallene Buch vom Boden auf und ersetzten es durch ein Whiskyglas, das Sie zuvor mit Zyankali präpariert hatten, um einen Giftmord vorzutäuschen, den Sie dann Richard anhängen wollten. Jeder weiß, dass Richard als Vorstand eines Pharmakonzerns leicht Zugang zu giftigen Substanzen wie zum Beispiel Zyankali hat."

Der Detektiv schaut Nils in die Augen: „Sie hatten aber nicht damit gerechnet, dass die Haushälterin sich schuldig sah und versuchte, einen Selbstmord vorzutäuschen."

Nils blickt wortlos in seine inzwischen leergetrunkene Teetasse.

„Aber, wenn Hilde schon tot war, wer hat sie denn dann ...?", fragt Karl-Heinz verwirrt.

„Niemand," antwortet Marlock, „Ihre Schwester ist friedlich eingeschlafen."

Die Phasenprüfung

© Cl. Göpel

Baumärkte sind Männerdomizile, und das sollte auch so bleiben.

Ein Mann weiß bereits vor dem Kauf, wie das Werkzeug heißt, was er will und wofür es gebraucht wird. Ich kenne nicht mal den Namen von dem Ding, was ich geklaut haben soll. Männer gehen auch nicht mit einem freudig erregten Dackel einkaufen, Frauen schon. Also ich.

Aber der Reihe nach …

Wir haben endlich DIE Tapete gefunden – eine edle Wandbekleidung in geschäumter Streifenoptik für zwölf Quadratmeter, im Angebot „nur" 61,99 €!

Der Hund beschnüffelt die Rollen und wedelt zustimmend mit dem Schwanz. Sie scheinen auch ihm zu gefallen.

Auf dem Weg zur Kasse kommen wir an der Beleuchtungsabteilung vorbei. Mir sticht ein chromblitzender Deckenleuchter ins Auge: schlappe 70,00 € statt 160 € – Auslaufmodell, wunderschön! Die Lampe würde hervorragend zu unseren hellen Möbeln passen, zumal seit vier Jahren ein überdimensionaler Weihnachtsstern aus Hartpappe im Wohnzimmer hängt, der durchs Fenster sogar von der Straße aus zu sehen ist. Mein Mann ist schnell überzeugt.

Nun brauchen wir nur noch Glühbirnen.

„Und sowas da auch, meiner ist abgebrochen", sagt mein Mann und deutet auf ein schraubenzieherähnliches Teil, das neben einer kaputten Plastikverpackung liegt. Ich greife danach.

Inzwischen hat die Verkäuferin den Leuchter in einen riesigen, unhandlichen Karton verpackt. Er wäre leicht, versichert sie und stellt ihn auf meine Unterarme. Ich stütze die Schachtel mit dem Kinn; am rechten Handgelenk baumelt meine Tasche, mit der linken Ellbeuge zerre ich den Dackel an seiner Leine hinterher.

Vor mir läuft mein Mann und balanciert mit selbstbewusster Leichtigkeit vier Tapetenrollen auf seiner Schulter. Es fehlt nur noch, dass er mit den Glühbirnen in seiner Hand jongliert. Wir bezahlen und schleppen stolz unsere neuen Errungenschaften durch den Vorraum.

Kurz vor dem Ausgang versperren uns drei Männer den Weg:

„Kommen Sie bitte mal mit ins Büro, wir würden uns gern mit Ihnen unterhalten." Dabei schauen sie mich an.

Sie sehen verdammt gut aus: muskulös, braungebrannt, einer ist an beiden

Armen tätowiert. Der jüngste, ein grinsender Farbiger, kaut Kaugummi. Ich verfluche insgeheim den Regen, der meine Haare auf dem kurzen Weg vom Parkplatz zum Baumarkt in nasse Bindfäden verwandelt hat.

Mein Mann schaut verwundert.

„Sie können ruhig schon die Einkäufe in den Wagen packen, wir brauchen Sie hier nicht", kappt der Tätowierte seine unausgesprochene Frage; und zu mir gewandt mit einladender Geste: „Bitteschön."

Ich stelle den Karton vor der Tür ab.

Eine Umfrage, denke ich beim Eintreten.

Keine Umfrage!

Das Büro ist so winzig, dass unmöglich mehr als drei Personen hineinpassen! Wir sind zu viert und sogar der Dackel hat noch Platz.

„Sicherheitsdienst", stellen sich die drei vor und zücken ihre Ausweise. Die restlichen Worte versinken im plötzlichen Bewusstseinsnebel; ich setze mich wie in Zeitlupe auf einen von zwei Stühlen. Auf dem anderen nimmt der Tätowierte Platz und haut auf die Entertaste seines PCs.

„Geht es um die Glühbirne, die ich zerbrochen habe?"

Wohl nicht. Der Hund fiept, der Blonde hebt ihn hoch und krault seine Ohren. Alle drei sehen mich freundlich an.

Den Schaden ersetze ich natürlich, möchte ich sagen, doch die Worte bleiben mir in der Kehle stecken.

„Haben Sie vielleicht etwas bei sich, wofür Sie keinen Kassenzettel besitzen?"

Ich spüre, wie Hitze vom Brustansatz nach oben schießt und schaue an mir herunter. Aus meiner Jackentasche lugt ein transparenter Griff. Mit spitzen Fingern ziehe ich den Gegenstand heraus: „Das da?"

„Genau", meint der Blonde fröhlich, während der Mulatte eine zerfetzte Packung hinter seinem Rücken vorholt: „Kann ja mal vorkommen."

„Wie bitte?"

„Das nennt man Diebstahl."

Inzwischen dürfte mein Gesicht puterrot sein.

„Das war ein Versehen. Ich klaue doch nichts, von dem ich nicht mal weiß was es ist!"

„Ach, was stehlen Sie denn sonst so?"

Ich bin für einen Moment sprachlos, während ich das verlangte Personaldokument aushändige. Meine Hand zittert leicht.

„Okay, was kostet das ... äh, Ding?", frage ich und krame nach meiner Geldbörse.

„Phasenprüfer“, hilft der Blonde. „Einzeln normalerweise 99 Cent.“

„Im Kombipack“, dabei wedelt er mit der kaputten Verpackung, in der irgendwas Buntes zu erkennen ist, „kostet es 5,99 € – aber wer soll das so noch kaufen!“

Ich zum Beispiel?

„Jetzt kommen allerdings noch 100 Euro Strafe obendrauf.“

„Das ist nicht Ihr Ernst“, frage ich ungläubig.

„Doch.“

Es klopft, mein Mann steckt seinen Kopf durch die Tür.

„Wir sind gleich fertig“, sagt der Blonde, reicht ihm unseren Dackel und drängt ihn wieder nach draußen.

„Diebstahl ist Diebstahl, verstehen Sie, da helfen auch keine Ausreden.“

Ich habe nicht vor, mich herauszureden. Langsam beschleicht mich jedoch der Verdacht, dass sich das Ganze um einen makabren Scherz handelt, mit dem der Baumarkt die Differenz zu seinen Schnäppchen ausbügelt. Das ist natürlich Unsinn. Wer außer mir selbst soll den Phasenprüfer (diesen Namen werde ich nie vergessen!) in meine Jacke gesteckt haben.

„Sie bekommen noch eine Anzeige. Wenn Sie die Strafe allerdings gleich bezahlen, sieht unser Auftraggeber vielleicht davon ab.“

Inzwischen komme ich mir vor wie ein Schwerverbrecher und will nur noch weg. Ich zähle mein Bargeld: Fünfundneunzig in Scheinen und ein paar Münzen. Es reicht gerade so.

„Das ist Ihnen peinlich, stimmt's“, fragt der junge Detektiv kauend.

Ich sage nichts mehr.

Der Tätowierte tippt ein Formular voll, reicht mir eine Quittung und meinen Ausweis, blickt mich dabei fragend an: „Wollen Sie die Ware jetzt kaufen?“

„Kann ich mir nicht mehr leisten“, knurre ich und flüchte ohne Abschied.

„Was war denn los?“ fragt mein Mann und gibt mir die Hundeleine.

Der Dackel erklimmt freudig mein Hosenbein. Ich schüttele ihn ab.

„Ein Missverständnis. Die haben mir doch allen Ernstes unterstellt, was geklaut zu haben.“

„Und, hast du?“

„Natürlich nicht“, empöre ich mich.

In den nächsten Wochen wird es nur noch Eintopf geben!

Zu Hause bringt er sofort die neue Lampe an: „Na, wie sieht sie aus?“

„Wunderschön“, sage ich. „Schweineteuer!“, denke ich.

„Das staubige rote Monstrum schmeißen wir am besten gleich weg“, brummelt mein Mann, während er von der Leiter steigt.

„Kommt überhaupt nicht in Frage! Den können wir nächstes Jahr noch benutzen.“

Fauchend entreiße ich ihm den Weihnachtsstern, falte ihn sorgfältig zusammen und überschlage dabei, was solch eine Deko wohl kosten würde, wenn jemand beispielsweise eine unbezahlte Schraube in meiner Tasche findet …

„Du hast gar keinen Phasenprüfer benutzt?“, frage ich schließlich vorsichtig.

„Nö, ging auch ohne.“

Koks

© Robin Michenbach

Kriminalhauptkommissar Niklas Schneidbrenner stand am geöffneten Fenster seines Büros und blickte auf die kleinen schwarz-weißen Fachwerkhäuser der Altstadt hinunter. Rotgoldene Blätter wirbelten auf den menschenleeren Gassen umher und kündigten mit ihren bunten Farben das Ende des Herbstes an.

„Der Winter kommt in diesem Jahr wirklich mit großen Schritten", murmelte er, trat dann einen Schritt zurück und schloss das Fenster. „Dabei haben wir gerade mal Mitte September."

Mit einem Seufzen ließ er sich in seinen weichen Schreibtischsessel fallen, griff nach einem sorgsam gehefteten Bericht, welcher vor ihm auf der Tischplatte lag und begann zu lesen.

„Eine Steigerung des Drogenhandels um 15 Prozent in den letzten zwei Monaten, das ist ja Wahnsinn", dachte er; seine Augen flogen über die Auswertung der Kriminalstatistik.

„Morgen früh ist daher die Besprechung mit dem Polizeipräsidenten und unsere Dienststelle kann für diesen Monat nur von einem Rückgang bei Festnahmen und Sicherstellungen berichten."

In hohem Bogen warf er das Pamphlet auf seinen Schreibtisch zurück und verschränkte die Hände im Nacken.

„Die zerreißen mich morgen in der Luft. Ich brauche eine Erfolg, den ich gut verkaufen kann!"

Sein Blick fiel auf einen seiner Zivilfahnder, der an einem benachbarten Arbeitsplatz saß und sich gerade durch eine lange Liste von Emails arbeitete.

„Tom! Wieso bist du hier drin? Wenn ihr hier immer nur in der Dienststelle hockt, ist es ja kein Wunder, dass ihr keine Erfolge habt. Macht eure Arbeit und fahrt raus, wir brauchen Festnahmen und Sicherstellungen!"

„Ich lese die E-Mails mit Hinweisen, denen wir nachgehen sollen", antwortete der angesprochene ältere Kriminalbeamte ruhig und lehnte sich dabei in seinem Stuhl zurück: „Außerdem rennen wir uns draußen die Hacken ab und du weißt genau, wie schwer es ist, Festnahmen und Sicherstellungen ohne diese Hinweise durchzuführen. Aber bitte, der Herr Hauptkommissar weiß und kann ja immer alles besser."

Tom stand auf und verließ mit großen Schritten den Raum.

Das Telefon klingelte. Niklas Schneidbrenner seufzte und griff nach dem Hörer.

„Hier ist Frau Meier, von der Burgholzstraße 12."

Die ältere Frauenstimme am anderen Ende der Leitung schnaufte in den Hörer: „Wir haben neuerdings wieder einen Mann im Viertel, der Koks verkauft, Herr Wachtmeister. Das zieht die ganze Gegend runter und muss aufhören!"

„Koks?", horchte Schneidbrenner auf und griff sofort nach seinem Notizblock. „Kennen sie den Mann?"

„Nee, der wohnt hier nicht. Er kommt immer so alle zwei Wochen mit seiner Karre rum und verkauft diesen Dreck in der Nachbarschaft. Im Haus neben mir kaufen alle, die sind davon abhängig und können nicht ohne."

„Können sie den Mann beschreiben?"

„Na sicher!", erwiderte Frau Meier. Schmutzig ist der Mann, na ja, halt so, wie alle, die das tun.", fügte sie nach einer kurzen Pause hinzu.

„Was trägt der Mann für Kleidung? Und können Sie mir vielleicht etwas zum Auto oder zum Kennzeichen sagen?"

„Schwarze Sachen hat der Mann an", antwortete Frau Meier. „Zum Auto kann ich Ihnen nichts sagen, da kenne ich mich nicht mit aus."

„Und das Kennzeichen? Haben Sie sich das Kennzeichen notiert?", hakte der Hauptkommissar nach.

„Nein, der Wagen steht hier quer vor meinem Fenster, da kann ich das Nummernschild nicht sehen. Mein Nachbar kauft aber doch grad was von dem Zeug. Darum rufe ich ja an, Herr Kommissar!"

„Warum sagen Sie das denn nicht sofort?! Dann wären wir doch schon längst unterwegs, Frau Meier!"

Schneidbrenner knallte den Hörer auf die Gabel und sprang an den Funktisch.

„Das ist es! Das ist genau der Einsatz, den ich brauchte!", dachte er und drückte auf eine Taste. „Jetzt muss nur noch alles klappen."

„An alle einsatzklaren Fahrzeuge. Täter am Ort, gegenüber der Burgholzstraße 12 wird gerade Kokain verkauft. Dealer ist männlich und schwarz gekleidet. Er ist mit einem Fahrzeug angereist, keine Hinweise auf Bewaffnung. Vorsicht beim Einschreiten."

„Verstanden, sind auf dem Weg!", quittierte Tom über Funk die Einsatzübernahme. Ein zweites Team war ebenfalls in der Nähe, nahm direkt den nächsten Observationspunkt ein und meldete kurz darauf Bereitschaft.

Nach ein paar Minuten hatte auch Tom seine Position am anderen Ende des beschriebenen Straßenzuges eingenommen. Während er den Wagen parkte, schlich sich das kurze Intermezzo aus dem Büro in seine Gedanken.

„Schneidbrenner war mal einer von uns und ich konnte ihn wirklich gut leiden. Aber seit er zum Leiter des Einsatztrupps ernannt wurde, spielt er sich auf. Kein Rückrat, wenn es mal nicht so läuft, unglaublich!“

Ein Lächeln huschte über sein Gesicht: „Irgendwann bekommt er seine Quittung, da bin ich mir sicher, aber jetzt holen wir uns erst einmal diesen Dealer!“

Tom drängte die Gedanken aus seinem Kopf und begann sich wieder nur auf den Einsatz zu konzentrieren.

Er blickte durch sein Fernglas. In Höhe der angegeben Hausnummer standen tatsächlich zwei Männer auf dem Gehweg. Einer davon war ein älterer Mann mit Hut und heller Straßenkleidung, der andere war komplett schwarz gekleidet und hatte zudem noch eine schwarze Kappe auf.

„Das muss er sein, und er ist nicht zu verfehlen“, dachte Tom. „Team 2, bereit?“, flüsterte er in sein Funkgerät.

„Team 2 ist bereit, Zielperson im Blick“, kam die leise Antwort aus den Lautsprechern. „Warten auf Zugriffsbefehl.“

Tom warf noch einmal einen Blick durch den Feldstecher und überprüfte den Ladezustand seiner Waffe.

„Besser auf Nummer sicher gehen“, dachte er und atmete tief durch.

Die Situation vor dem Haus war unverändert, beide Männer standen noch auf dem Gehweg und unterhielten sich.

„Günstiger wird die Situation nicht“, dachte er.

Er startete den Wagen und griff nach dem Funkgerät. Ein letzter Blick in die Runde, es waren keine unbeteiligten Personen zu erkennen. Dann drückte er die Sprechtaste: „Zugriff!“

Tom gab Vollgas. Mit aufheulenden Motoren jagten die beiden Zivilwagen auf die beiden Männer zu.

Die Zeiger der Uhr bewegten sich nur quälend langsam über das Zifferblatt, während Hauptkommissar Schneidbrenner unruhig vor dem Funktisch auf und ab ging. Seitdem er den Einsatz herausgegeben hatte, waren erst ein paar Minuten vergangen, die ihm trotzdem wie eine Ewigkeit vorkamen.

„Hoffentlich klappt alles und die bauen keinen Mist!“, dachte er und ballte die Hände so fest zu Fäusten, dass die Knöchel weiß hervortraten. „Wäre ich doch besser selber rausgefahren und hätte den Einsatz vor Ort geleitet, bevor da was schiefgeht. Das muss unbedingt klappen, ich brauche den Erfolg!“

Der Wunsch nach einer Zigarette stieg in ihm auf. Er griff in seine leere Hemdtasche, wobei ihm einfiel, dass er vor zwei Monaten aufgehört hatte, zu rauchen.

„Verdammt, wie lange brauchen die denn noch?“, versuchte er sich wieder auf die eigentliche Sache zu konzentrieren. „Das kann doch nicht so lange dauern!“

„Personen angetroffen und in sicherem Gewahrsam!“, tönte es da aus den Lautsprechern.

Schneidbrenner atmete tief durch und drückte sofort auf die Funktaste:

„Habt ihr was von dem Kokain sicherstellen können?“

Keine Antwort.

„Team 1, Team 2, könnt ihr mich verstehen? Habt ihr was von dem Kokain sicherstellen können?“

Dann hörte Hauptkommissar Schneidbrenner die Stimme von Tom über den Äther: „Chef, das ist unglaublich! Wir haben hier gut und gerne eine Tonne Koks aufgefunden! Ich glaube, das wäre die größte Menge, die wir jemals sicherstellen könnten."

Schneidbrenner riss die Arme nach oben und stieß einen jubelnden Schrei aus. Dann fiel ihm auf, was Tom gerade gesagt hatte, und erstarrte.

„Was heißt dass, die größte Menge, die wir sicherstellen könnten?“

„Nun, ich fürchte, der neue Kohlenhändler des Viertels wird da nicht mitspielen!“, feixte Tom. „Und die Leute, die hier in der Altstadt wohnen und alle ihre Öfen mit Koks heizen, auch nicht, der Winter steht vor der Tür ...!“

Fingerzeig

© Liliane Spandl-Wildner

Eigentlich hätte es ein gemütlicher Abend werden sollen. Agnes Pistor war mit ihrer Freundin, der Privatdetektivin Lavinia Papritz, in einem kleinen Restaurant in der Erbacher Innenstadt verabredet, ganz privat. Aber Lavinia war nicht gekommen, hatte sie einfach versetzt. Ungewöhnlich war das schon, selbst wenn man Lavinias exzentrischen Charakter berücksichtigte.

Nachdem Agnes eine halbe Stunde gewartet hatte, bestellte sie das Lammgericht, das der Anlass für die Verabredung gewesen war. Überall im Landkreis und darüber hinaus waren wieder die Lammwochen ausgeschrieben worden, mit Lammgerichten in allen Variationen. Und da die meisten Lammstücke für einen Ein-Personen-Haushalt zu groß waren, verzichtete Agnes darauf, sich selbst als Köchin zu betätigen. In den letzten Jahren hatte sie mit Lavinia ein Restaurant nach dem anderen besucht und sich durch die Speisekarten mit Lammgerichten gegessen. An diesem Abend hatte sie sich für Lammragout entschieden.

Doch plötzlich blieb ihr ein Bissen fast im Hals stecken. Was da auf ihrem Teller lag, unter den appetitlich angerichteten Röstkartoffeln, hatte nichts mit Lamm zu tun. Es war ein menschlicher Finger, der anklagend auf sie zu weisen schien. Sauber abgetrennt, fast weiß, leicht bläulich, ausgeblutet, mit gepflegten, nicht lackierten Fingernägeln, trotzdem ihrer Einschätzung nach weiblich.

Agnes Pistor hatte schon viel erlebt und war nicht zimperlich, aber das ging ihr denn doch zu weit. Sie schob den Teller von sich und winkte dem Kellner. Als er vor ihrem Tisch stand und nach ihren Wünschen fragte, deutete sie nur stumm auf den Teller. Der Kellner starrte auf den Finger, dann auf Agnes und wieder auf den Finger. Dann nahm er den Teller und trug ihn in die Küche zurück.

Kurz darauf kam der Chefkoch zu ihr an den Tisch, sah sich um und bedeutete ihr angesichts der bereits aufmerksam lauernden Gäste, ihm in die Küche zu folgen.

Dort hatten sich die anderen Küchenkräfte und der Geschäftsführer um den Teller versammelt und diskutierten leise über den ungeheuerlichen Vorfall.

„Wie kommt dieser Finger auf den Teller?“, fragte der Geschäftsführer und blickte der Reihe nach jeden seiner Angestellten an. Einer nach dem anderen zuckte die Schultern. Agnes sah in erschrocken aufgerissene Augen und ratlose Gesichter.

„Die Polizei muss her“, sagte der Geschäftsführer energisch und griff nach seinem Handy.

„Nicht nötig“, erwiderte Agnes Pistor und zückte ihren Dienstausweis.

Nach einem Blick darauf trat der Geschäftsführer einen Schritt zurück – die Bewegung erinnerte an einen salutierenden Soldaten.

„Sie sind ...“ stammelte er beinahe ehrfürchtig und nahm sie noch einmal genau in Augenschein, als müsste er Maß nehmen für ein Erinnerungsbild.

Agnes Pistor, Hauptkommissarin im Dezernat Kapitalverbrechen im Polizeikommissariat Erbach mit geradezu legendären Ermittlungserfolgen, seit vierzig Jahren im Polizeidienst und nun kurz vor der Pensionierung, hasste Medienauftritte, war lieber inkognito unterwegs.

Nun war sie Gast in einem Restaurant, in dem möglicherweise ein Verbrechen begangen worden war, von niemandem bemerkt und ein Indiz dieses Verbrechens war auf ihrem Teller gelandet!

„Sie können sich wieder bewegen“, sagte die Kommissarin und wedelte mit der Hand die Versammlung auseinander.

„Und übrigens – Sie können sich auch wieder abregen. Der Finger ist aus Wachs. Gute Arbeit, sieht täuschend echt aus. Aber es handelt sich nicht um ein Verbrechen, sondern höchstens um einen schlechten Scherz. Es würde mich allerdings interessieren, ob dieser Scherz tatsächlich mir gegolten hat oder ob ich nur zufällig Opfer wurde. War mein Tisch vielleicht vorher für jemanden reserviert, der nicht gekommen ist?“

Der Geschäftsführer eilte ihr voraus an die Theke, wo das Reservierungsbuch lag. Er schlug das Buch auf und fuhr mit dem Finger die Liste der Eintragungen entlang. Dann: „Hier – Tisch 12. War reserviert für einen Herrn Meißner mit Begleitung. Drei Personen. Die Reservierung wurde etwa eine halbe Stunde vor Ihrem Eintreffen abgesagt!“

„Na, da haben wir's doch“, meinte Agnes.

„Sie erhalten natürlich Ersatz für Ihr Essen!“, dienerte der Geschäftsführer.

„Lassen Sie mir einfach den Nachtisch servieren. Und noch ein Gläschen Rotwein! ... Ach ... und den Finger möchte ich gern mitnehmen!“

Sie wickelte ihn in ein Papiertuch, steckte ihn irgendwo in eine verborgene Tasche ihrer Jacke und kehrte an ihren Tisch zurück. Gerade hatte sie mit der Mousse au Chocolat begonnen, als Lavinia Papritz an ihrem Tisch aufkreuzte.

Am Tresen stand immer noch der Geschäftsführer und starrte in ihre Richtung. Einen krasseren Gegensatz als diese beiden Frauen konnte man sich schlecht vorstellen: Agnes Pistor, mit einer Körpergröße von fast einem Meter achtzig und einer beachtlichen Leibesfülle, die darauf schließen ließ, dass sie keine Kostverächterin war; daneben Lavinia Papritz, eine kleine, zierliche, fast ausgemergelt wirkende alte Dame mit dünnem weißem Haar, das sie in einem

Pagenschnitt trug. Es hätte niemanden überrascht, wenn sie gesagt hätte, dass sie Vegetarierin wäre.

„Wo hast du denn gesteckt?", fragte Agnes ihre Freundin, die ihr gegenüber Platz nahm.

„Es ist schon wieder ein Schaf gekidnappt worden", berichtete Lavinia.

„Ach was", murmelte Agnes, die noch immer an ihrem Nachtisch löffelte. „Wieder bei deinen Freunden vom Schafhof?"

„Nein, in einem anderen Hof. Und weißt du, was jetzt herausgekommen ist? – Überall haben die Diebe einen menschlichen Finger zurückgelassen. Zuerst war es der kleine, dann der Ringfinger, der Mittelfinger – und merkwürdigerweise ist jetzt der Daumen gefunden worden. Eigentlich wäre der Zeigefinger dran gewesen!"

„Hier bitte!" Agnes wickelte ungerührt den Finger aus, der ihr auf den Teller gelegt worden war. „Der ist aus Wachs. Waren die anderen echt?"

Lavinia starrte wie hypnotisiert auf den Finger, dann fragte sie: „Woher hast du den? Ist das dein neuer Fall?"

„Er lag auf meinem Teller. Und ich habe keinen neuen Fall. Ich hoffe auch, dass ich meine letzten Wochen ohne Fall verbringen und meinen Schreibtisch geordnet hinterlassen kann!"

„Auf dem Teller? Ekelhaft! Selbst wenn er nur aus Wachs ist."

„Ja, besonders unverdaulich", fand Agnes und wickelte den Finger wieder ein. „Wer klaut Schafe und warum?", fragte sie.

„Das fragen sich die Besitzer und die Polizei ebenfalls. Bisher ist keines wieder aufgetaucht. Weder lebendig noch tot ..."

„Wer weiß", murmelte Agnes. „Vielleicht schon zu Döner oder Salami verarbeitet ..."

Lavinia schnitt eine Grimasse, winkte dem Kellner und bestellte Lammbraten mit Ofenkartoffeln.

In dieser Nacht schlief Agnes Pistor schlecht. Sie träumte immer wieder von toten Schafen, denen die Mörder menschliche Finger zwischen die Zähne gesteckt hatten. Als sie am Morgen erwachte, fühlte sie sich, als ob sie unter einen Heuwagen geraten wäre. Diese Assoziation überraschte sie, denn die Zeit der Heuwagen war längst vorüber. Als Kind war sie noch öfter darauf mitgefahren. Heutzutage musste es wohl schon ein ICE sein, von dem man sich gerädert fühlte.

Da der Fall nicht „ihr Fall" war, lieferte sie am nächsten Morgen den Finger bei ihren Kollegen vom Diebstahlsdezernat ab, wodurch deren Sammlung hiermit komplett war.

Im Laufe des Tags meldete sich Lavinia bei ihr und erzählte, dass sie der Sache „auf der Spur“ sei.

Am Tag ihrer Verabschiedung aus dem Dienst kamen die Kollegen vom Diebstahlsdezernat bei Agnes Pistor vorbei, deren Schreibtisch kahl wie ein glattrasierter Schädel war. Niemand traute sich zu fragen, wo die Berge von Akten geblieben waren – sie konnte unmöglich alles „abgearbeitet“ haben.

Der Schafdiebstahl war aufgeklärt und die Kollegen wollten nicht versäumen, Agnes darüber zu informieren. Sie heuchelte Interesse und verschwieg, dass sie bereits von Lavinia ausführlich in Kenntnis gesetzt worden war.

Hinter den Schafdiebstählen steckte eine Gruppe radikaler Tierschützer, die inzwischen festgenommen worden waren. Sie wollten verhindern, dass die Schafe geschlachtet und zu Fleisch und Wurst verarbeitet wurden. Außerdem sollte eine Großmetzgerei aus Michelstadt, die sich auf die Verarbeitung von Schaffleisch spezialisiert hatte, einen Denkzettel erhalten. Dem Firmenchef, Jakob Meißner, war der Finger zugedacht gewesen, den Agnes auf ihrem Teller gefunden hatte. Eine Aushilfskellnerin des Restaurants hatte ihn dort versteckt, als sie das bestellte Gericht für Tisch 12 servierte. Die übrigen neun Finger waren jeweils für ein gestohlenes Schaf zurückgelassen worden, als mahnender „Fingerzeig“. Die Schafe selbst wurden unversehrt und gut genährt in einem ausgedienten Stall auf einem Feld gefunden und ihren Besitzern zurückgegeben.

Ein kleines Kunstatelier in Bad König meldete den Diebstahl von zwei Händen, die eine Künstlerin aus Wachs geschaffen und dort ausgestellt hatte. Sie erhielt zehn Finger zurück, den Rest musste sie als Verlust abschreiben. Inzwischen sollen sie aber restauriert und der Öffentlichkeit wieder zugänglich gemacht worden sein ...

Erkerdasein

© Lothar Kowalke

Die Katze manövrierte auf engstem Raum zwischen Fernglas, Telefon und der Bierflasche, die sie zwangsläufig zu Fall brachte. Das Bier ergoss sich über ein aufgeschlagenes Notizbuch. Regungslos vernahm Buback wie sich das Papier vollsog und die Tinte nach und nach verblasste. Das Geschriebene lastete schon lange auf seinem Gemüt. Nichtssagende Wiederholungen. Haarklein. Alles die Frau betreffend. Tagesabläufe. Beschreibungen. Vermutungen. Seine Augen waren über Wochen, ja Monate auf das Haus von Gegenüber gerichtet. Ergebnislos.

Statt sich vorzubeugen, zog er an der Leitung, bis das Telefon von der Tischkante auf seinen Schoß fiel. Er wählte die 11880.

„Guten Tag, ich muss einen Termin absagen. Leider habe ich weder Namen, noch Telefonnummer zur Hand, nur folgende Anschrift: Bismarckstraße 7 in 39606 Osterburg."

„Tut mir leid, unter dieser Anschrift existiert kein Eintrag!"

Er wollte natürlich wirken. Schlendernd, auf gleicher Höhe mit dem Postboten, sagte er: „Hallo, ist was für mich dabei?"

Der Briefträger grinste: „No Commissario Buback!"

Wohl wissend, dass dieser zu seiner aktiven Polizeizeit nie über die Grenzen der Altmark hinaus kam, geschweige denn nach Italien. Buback überging die Provokation und wies auf das gegenüber liegende Grundstück:

„Haben Sie etwas für die gnädige Frau?"

Der Postbote bockte sein Dreirad auf:

„Wollen sie mich auf den Arm nehmen!? Gnädige Frau! Das Haus steht seit Jahren leer!"

Mit dieser Antwort hatte Buback nicht gerechnet.

„Nichts für ungut, das war nur ein Test!"

Trotz alledem ging er demonstrativ auf das Haus zu und klingelte.

Mehrmals.

Nichts.

Wie konnte es angehen, dass jemand keine Post bekam? Nicht einmal eine Telefon- oder Mietabrechnung. Er stand in seinem Erker und schaute wie gebannt hinüber. Vor ihm das vom Bier vollgesogene Protokoll. Er nahm die Kladde, trennte vorsichtig Blatt von Blatt, pustete und legte zwischen die befreiten Seiten alles was klein und greifbar war. Kronkorken, Münzen und Kiesel aus dem vertrockneten Gummibaumtopf. Zeit, sich die Notizen näher anzusehen. Es fiel auf, dass allen Angaben etwas ganz Wesentliches fehlte: Daten. Alle Informationen bezogen sich nur auf Wörter wie Nachmittag oder Mittwoch. Keine Zahl stand für die wievielte Stunde, den Tag oder Monat. Nichts ließ sich in der Zeit ordnen. Keine Vergangenheit. Keine Zukunft.

Sein Plan stand. Um 13:30 Uhr, an dem Tag, an dem die Frau ihren Einkauf zu tätigen pflegte, machte sich Buback auf den Weg zum Edekamarkt. Direkt daneben, am China-Imbiss, gönnte er sich ein Bier nebst Kurzem. Bis unter die Haarspitzen konzentriert, beäugte er jede Frau. Nein, ihr Gesicht kannte er nicht, aber er war sich sicher, dass er sie identifizieren würde, denn schon immer roch er, wenn jemand etwas auf dem Kerbholz hatte. Seine Augen folgten der Fahrradfahrerin, die beim Anradeln etwas Aristokratisches ausstrahlte. Vielleicht lag es an der Kleidung. Blau in Blau. Dunkel in weniger Dunkel. Das Kopftuch und ihre Handschuhe leuchteten weiß. Eine riesige schwarze Brille verstellte das Gesicht. Zusammen wirkte alles aufreizend und würdig, aber auch unheimlich, sinnierte Buback. Keinen Zweifel, das ist die Frau, die ihn nicht mehr schlafen ließ. An der Pinnwand blieb sie plötzlich stehen und heftete einen Zettel an. Beinahe wäre sein Einkaufswagen in ihre Hacken gerollt. Er war gezwungen zu improvisieren. Zunächst las er das Merkblatt vom Leergutautomaten, dann zurrte er seine Schnürsenkel neu. Mit errötetem Gesicht behielt er die Frau im Blick. Nach der Pinnwand entnahm sie ihrem Rucksack Verpackungsmaterial und sortierte dieses in die dafür vorgesehenen Abfallboxen. Plastik zu Plastik, Papier zu Papier. Für Buback ein weiteres Indiz ihrer Zwiespältigkeit. Er überlegte, ob er eine entsorgte Verpackung aus der kreisförmigen Öffnung fingern sollte, um die Fingerabdrücke zu sichern. Ihm blieb keine Zeit. Gezielt fuhr die Frau die Regalreihen ab. Geschälte Tomaten. Spaghetti. Olivenöl. Käse und Baguette vom Stand. Auch die Wahl des Whisky schien routiniert. Alles ohne ein Zögern, ohne das Lesen des Kleingedruckten.

„Keine Bedenken des Preises", notierte Buback in seiner Kladde. Zurück an der Pinwand rollten in seinem Wagen zwei 5-Minuten-Terrinen und eine Wodkaflasche.

Er las: „Suche: zweimal die Woche für je vier Stunden eine Gartenhilfe. Bitte melden Sie sich unter folgender Telefonnummer: 0155155155."

Die Telefonnummer wiederholte sich achtfach. Zum Abreißen. Buback riss keine Nummer ab – er entfernte den ganzen Aushang.

Mit Hilfe reichlicher Biere und etwas Wodka hielt er den Hörer standfest ans Ohr. Ein Räuspern. Der Atem stieß tief. Er musste schneller sein. Kaum hatte er das Abnehmklicken vernommen, stammelte er:

„Rudi, es tut mir leid! Ich bin ein Hornochse! Verzeih!“

„Wer ist denn da?“, fragte eine dünne Frauenstimme. Er fühlte sich wie vor den Kopf geschlagen. Hornochse – wie wahr, brummte er gedanklich, sagte aber: „Buback, Rudis früherer Kollege.“

„Ah, Onkel Alfred! Papa ist im Keller. Er wird sich freuen ... warte, ich rufe ihn.“ Selbst Anna, sein Patenkind, hatte er vergessen. Bloß rasch aufhängen und den Rest Wodka vernichten, befahl er sich. Zu spät.

„Na?“, meldete sich Rudi. Zwei Jahre hatte sich Buback nicht bei ihm gemeldet. Verständlich schleppend verlief das Gespräch.

„Können wir uns treffen?“

„Du weißt, wo wir wohnen!“

„Schon, aber es wäre mir lieber, du kommst zu mir.“

„Sind wir dir nicht mehr fein…“, Rudi verschluckte den Rest und veränderte die Tonlage „Ellen und Anna würden sich freuen.“

„Ich weiß. Bitte, komm zu mir, es ist wichtig!“

Nach kurzem Zögern willigte Rudi ein.

Erfreut wie lange nicht, griff Buback ausnahmsweise nach einem Glas für den Wodka ...

Er schlurfte zur Tür. Mit allem hatte er gerechnet, aber nicht mit Rudi in Uniform und schon gar nicht in Begleitung eines zweiten Uniformierten.

„Wolltest du nicht nach dem Dienst kommen?“

„Das werde ich auch. Jetzt müssen wir dem Hinweis einer Frau nachgehen, die dich des Stalking bezichtigt.“

Buback zog ein unwissendes Gesicht. Verständlich, denn das englische Wort war ihm fremd. Rudi half: „Verfolgst du eine Frau? Beobachtest du sie?“

Bubacks trockenes „Ja“ lies die Gesichter der Polizisten sich zuwenden.

„Ja, dann müssen wir Sie auf das Revier bitten. Das Stalken ist untersagt und steht unter Strafe“, sagte Rudis Kollege im beflissenen Beamtenton, worauf Bubacks Blick hilflos von der Schlafanzugshose zu den nackten Füßen in den Filzlatschen glitt.

„Hören wir uns erst einmal an, was Sache ist“, wandte sich Rudi an seinen Kollegen und forderte Buback auf, er möge sie reinlassen. Doch kaum waren seine Worte gesprochen, reute er diese auch schon wieder! Ihren Blicken bot sich ein heilloses Chaos aus Finsternis, Gestank und Dreck.

Was war mit Alfred Buback passiert? Rudi schämte sich für ihn. Wie konnte sich eine einst so gemütliche Wohnung in ein solcheses Loch verwandeln?

„Kommt in die Stube!“, forderte Buback. „Schaut rüber!“ Er wies zum Erker. „Was seht ihr? Ein verlassenes Haus. Einen verwilderten Vorgarten. Runtergelassene Jalousien, die zu jeder Tageszeit untenbleiben. Kein Name am Briefkasten und keiner an der Klingel. Keine Post. Keine Besuche. Kein Auto. Keine Satellitenschüssel.“

Seinem Besuch hatte es noch immer die Sprache verschlagen. Buback griff sich sein Bier und führte weiter aus: „Alle zwei Wochen, pünktlich auf die Sekunde verlässt eine vermummte, aber elegante Frau für einen Großeinkauf das Haus. Sonst nicht. Nicht einmal der Müll ist in den letzten zwei Jahren abgeholt worden.“ Er nahm einen Schluck. „Mein Bauch sagt mir, dass da etwas nicht stimmt!“

Er wusste, mit seinem Bauchgefühl hatte er Rudi früher einige Male beeindrucken können. Aber jetzt? Jetzt war Rudi in eine Art Schockstarre gefallen. Dessen Blick ruhte nicht auf dem Haus, sondern auf die im Erker aufgereihten Flaschen. „Wie, vermummt?“

„Das Kopftuch, die riesige Sonnenbrille, der hochgeschlagene Mantelkragen und die dick aufgetragene Schminke. Für mich ist es eine Vermummung.“

Für Rudi nichts Ungewöhnliches: „Sie ist eine Frau, die ihr wahres Alter schützt.“

Rudis Kollege konnte nicht mehr an sich halten: „Was soll das?! Das geht Herrn Buback alles nichts an! Schluss mit dem Denunzieren! Es gibt keine DDR mehr. Verstehen Sie mich?!“

Buback startete einen weiteren Versuch: „Sie trägt Herrenkleidung und schleppt ihren Müll in den Supermarkt.“

Rudis Kollege war wild entschlossen, Buback mit auf das Revier zu nehmen. Rudi griff sich das Telefon, wischte den Hörer am Hosenbein fettfrei und deutete mit der anderen Hand um Ruhe.

„Guten Tag, Frau Schulz. Hier ist Hauptkommissar Mayer. Wir befinden uns Ihnen gegenüber und reden gerade mit Herrn Buback. Es sieht so aus, als könnten wir ihr …“ Er stockte. Nein, ihm fiel kein anderes Wort ein. „ ... Problem sofort vor Ort klären.“

Stille.

„Ja ... von Angesicht zu Angesicht. Ja ... es wäre nett, wenn Sie kommen könnten.“

Rudis Schultern, die Sekunden lang hochgezogen waren, sackten zurück: „Sie kommt.“

„Zu mir ... hierher!?" Buback strahlte und setzte sich. Keine Anzeichen, dass er aus der Schlafanzugshose schlüpfen würde.

Rudi nahm sich dem Chaos an. Sammelte die umherliegende Wäsche ein und öffnete alle Fenster. Weit. Es war auch Rudi, der Frau Schulz einließ und ihr erklärte, dass Buback ein ehrenwerter pensionierter Polizist sei, der sich Sorgen mache, weil er sich einiges nicht erklären könne. Er flüsterte ihr auch zu, dass Buback den Verlust seiner Frau und die Frühpensionierung nicht verkraftet habe.

„Er wird sich Ihnen in unserem Beisein erklären."

Auf der Schwelle zur Stube ergriff aber Frau Schulz das Wort:

„Guten Tag, Herr Buback. Ich bin eine freie Autorin, die zum Schreiben absolute Ruhe und damit eine totale Abschottung von der Welt benötigt. Keine Zeitung. Keine Menschen. Kein Fernsehen – reicht ihnen das?"

Die großen dunklen Gläser waren unverändert auf Buback gerichtet.

Ohne erkennbare Regung starrte der in diese hinein.

War das aufgesagt? Wenn ihre Behauptung zutraf, warum dann ihre Angst? Er sah diese nicht. Er fühlte sie. Bedacht wählte er seine Worte:

„Ja. Natürlich. Entschuldigen Sie bitte mein Verhalten! Es tut mir sehr leid, Sie beunruhigt zu haben!"

Beide beobachteten sich genau. Bei den nächsten Worten benötigte er viel Mühe, seine innere Erregung zu bannen:

„Vielleicht kann ich mit einem freiwilligen Garteneinsatz wieder etwas gutmachen?"

Treffer.

Etwas schlich über ihr Gesicht: „Sie beziehen sich auf meinen Aushang, den Sie unverschämter Weise entfernt haben."

Buback fragte sich, wie sie das mitbekommen haben konnte, fand aber keine Erklärung. Sein weiteres Schweigen verfehlte nicht die Wirkung. Sie wollte nur noch raus – raus aus der Situation.

„Warum nicht? Kommen sie Dienstag gegen 10:00 Uhr. Gehen sie rechts am Haus vorbei. Hinten auf der Terrasse wird alles bereitliegen."

Die schwarzen Gläser wanderten zu den Polizisten:

„Vielen Dank, meine Herren!"

Sie ging ohne ein weiteres Wort.

Noch Stunden später lächelte Buback.

Entrückt.

Versonnen.

Unstimmigkeiten

© Andrea Riedlsperger

Oft höre ich einzelne Wörter oder Satzfetzen durch die dünnen Wände unseres Mietshauses. Neben mir, direkt Zimmer an Zimmer, wohnt eine dunkle Stimme, die den Großteil des Tages zu Hause ist. Ich weiß das, weil ich auch die meiste Zeit zu Hause bin.

Diese Stimme kenne ich mittlerweile gut. Meist spricht sie langsam und ruhig in einem Tonfall, der mich unwillkürlich an beim Sex geflüsterte Obszönitäten denken lässt. Die Stimme ist durchaus angenehm und einladend, jedoch nie heiter oder gar fröhlich. Doch die Stimme kann auch anders, ganz anders. Alle Wärme und Gelassenheit können daraus entweichen und sie hart und laut durch das Haus hallen lassen, einem tobenden Sturm der Ostsee gleich. Es gibt Vorzeichen in der Stimme, die diesen Sturm ankündigen und wenn man sensible Ohren dafür hat, ist es möglich, diesen noch abzuwenden.

Davon versteht die zweite Stimme in der Wohnung wenig. Eine hohe nervige Stimme, die zu schnell spricht, Buchstaben und ganze Silben verschluckt oder sich nicht die Zeit nimmt, diese auszusprechen. Oft geht ihr nörgelnder Unterton in ein schrilles Piepsen über. Den ganzen Tag ist diese Stimme im Hintergrund zu hören, bei allem was ich in meiner Wohnung mache, begleitet mich diese Stimme. Gleich nach dem Aufstehen kann ich ihr Geschnatter vernehmen. Manchmal, wenn sie die Zeichen nicht deuten kann und sich der Zorn der tiefen Stimme entlädt, formt sie sich zu einem durchdringenden Schrei. Der lang und schrill durch das Haus und die Gassen hallt, der einem den Atem raubt, und ewig im Gedächtnis bleibt.

Vor zwei Nächten gab es wieder so einen Schrei; diesmal nicht in der üblichen verzweifelten Länge, sondern mit einem abrupten Ende. Danach war es still in der benachbarten Wohnung, kein übliches Schluchzen und kein Türe knallen. Nichts, nur die Stille der Nacht und leises Gepolter.

Am Morgen danach horchte ich angestrengt, ob die nervende Piepsstimme etwas von sich gibt. Lange hörte ich nichts, auch meine Nachbarn sind, gleich wie ich, Langschläfer, Morgenmuffel oder wie ich es gerne nenne, Nachtmenschen. Doch an diesem Morgen lag ich schon früh wach und horchte in die gnadenlose Stille hinein.

Nichts, kein Geschnatter. Eigentlich war keine der Stimmen zu hören, nur ganz allmählich einsetzende Alltagsgeräusche. Das Rauschen des laufenden Wasserhahnes im Bad, die Klospülung und das gurgelnde Blubbern des Wasserkochers aus der Küche. Oft streiten sich die beiden direkt nach dem Aufstehen, nicht so an diesem Tag. Ab und zu drang ein langes Brummen der tiefen Stimme zu mir, doch die helle bleib ungehört.

Den Tag verbrachte ich mit aktivem Zuhören in einer ganz neuen Definition. All meine Hoffnung konzentrierte sich auf den Abend und die folgende Nacht. Ich war mir sicher, dass ich spätestens gegen Abend das Geschnatter vernehmen würde und all meine Sorgen verschwinden würden. Immer wieder drängte sich der nächtliche Schrei in meine Ohren und vernebelte mir die Sinne. Vermischte sich mit dem vertrauten Ploppen beim Öffnen einer Bierflasche. Ich hatte vergessen, mitzuzählen, war mir jedoch sicher, dass ich es heute schon mehrfach gehört hatte.

Irgendwann schlief ich mit pochendem Kopfschmerz ein und fiel in einen dumpfen traumlosen Schlaf. Als ich wieder aufwachte, war der Kopfschmerz mit dem Tageslicht verschwunden. Aus der Nachbarwohnung war ungewohnte Betriebsamkeit zu hören, aber keine Stimmen. Zu den alltäglichen Geräuschen gesellten sich scharrende, als ob Möbel über den Boden gerückt würden. Immer wieder unterbrochen von dem Keuchen der tiefen, dunklen Stimme, der heute jene eigentümliche Ruhe fehlte, die ihr sonst das Unverkennbare gab. Einmal wurde dieses Treiben von einem dumpfen Laut unterbrochen, der an etwas Schweres und zugleich Weiches erinnerte, das auf den Boden fällt. Gefolgt von einem klagenden Schluchzen der tiefen Stimme.

Alarmiert von den Geräuschen aus der Nachbarwohnung und im Bann der Krimiserien aus dem Fernsehen, malte ich mir aus, wie die dunkle Stimme die Leiche der Hellen im Schutz der Dunkelheit beseitigt und danach unbemerkt mit dem nächstbesten Flieger abhebt in ein Land ohne Auslieferungsabkommen. Noch in Gedanken wählten meine Finger fast von alleine den Notruf der Polizei ...

Kurz darauf hörte ich Schritte im Treppenhaus und lautes Klopfen an der Nachbartür. Deutlich hörbar, als wäre es an meiner Tür vernahm ich:

„Aufmachen, Polizei! Öffnen Sie sofort die Tür!“

Es dauerte einige Zeit, bis ich das unverkennbare Schlurfen über den Flur vernahm und sich der Schlüssel im Schloss drehte. Nun herrschte ein regelrechtes Stimmengewirr hinter der Wand. Mitten in all dem Chaos aus Schritten, Stimmen und anderen Geräuschen war die dunkle Stimme zu vernehmen, in der ein gereizter Unterton mitschwang.

Wieder schlichen sich Wortfetzen durch die dünne Wand an mein Ohr.

„Tatzeitpunkt. Alibi. Zeugen … wurden alarmiert ... Anwalt rufen ...“

Lange beantwortete die dunkle Stimme Fragen der anderen Stimmen. Bis spät in die Nacht hinein blieb die Geräuschkulisse aufrecht, als schließlich wieder die Stille zurückkehrte, kam auch ich allmählich zur Ruhe. Die Polizisten hatten die dunkle Stimme mitgenommen und mich allein mit meinen Gedanken und meiner Angst zurückgelassen.

Nach einem Tag der quälenden Stille blätterte ich bereits zum Frühstück die Zeitung durch, als ich an der Schlagzeile hängen blieb.

„Neugieriger Nachbar verwechselt Totenwache mit Mord!"

Weiter war zu lesen, dass meine Nachbarin an einem Herzinfarkt gestorben war: *Der schwer alkoholisierte Mann (67), der sich in letzter Zeit esoterischen Kreisen zugewandt hatte, wollte eine 48-stündige Totenwache für seine Frau (65) abhalten. Der pensionierte Arzt wurde dabei jedoch unsanft von der örtlichen Polizei gestört und als anfänglich Tatverdächtiger verhaftet. Die Obduktion bestätigte den Verdacht des Mannes auf Herzinfarkt und die seinerseits eingeleiteten Ersthelfermaßnahmen. Somit hat er sich keiner Straftat schuldig gemacht und kann sich nun wieder auf freiem Fuß um die Beisetzung seiner Frau kümmern.*

Hexentricks

© Dieter Stiewi

Erschrocken sprang der kleine Junge beiseite, als der schwarz-graue Mercedes auf den Parkplatz des Schnellrestaurants rollte. Fremdartige Musik quoll durch das halb heruntergefahrenen Fenster der Beifahrertür. Der Junge hielt die kleine Tüte mit Pommes Frites fest und drängte sich zwischen zwei parkende Autos, während der dicke Mann hinter dem Steuer den Mercedes nach rechts lenkte und kurz anhielt, um seinen Beifahrer aussteigen zu lassen, ehe er komplett vorfuhr und so die beiden Fahrzeuge auf den Stellflächen zuparkte. Auf der von der Sonne erwärmten Motorhaube eines der Wagen lag eine schwarze Katze, die den Fahrer des Mercedes gelangweilt beobachtete. Dieser warf ihr einen verächtlichen Blick zu, stellte den Motor ab und stieg aus. Ein nicht minder schwerer Mann öffnete die Fondtür und wuchtete sich ebenfalls auf die Zufahrt des Parkplatzes, ehe der Fahrer auf seinen Zündschlüssel drückte und der Mercedes mit einem leisen Quietschen und einem Aufleuchten der Warnblinkanlage verkündete, dass er verschlossen war.

Der kleine Junge kam vorsichtig aus seinem Versteck und betrachtete die Fremden. Sie trugen dunkle, schlecht sitzende Anzüge über weißen Hemden. Beim Fahrer des Mercedes war eine Goldkette unter dem Kragen des Hemdes zu erkennen, während der Mann von der Rückbank einen langen Wollmantel und einen Hut trug. Der Junge sah ihnen nach, wie sie im Eingang des Schnellrestaurants verschwanden und machte sich wieder auf die Suche nach Spatzen, die er mit seinen Pommes Frites füttern konnte.

Der Mann in der bunten Uniform des Schnellrestaurants schaute den drei schwergewichtigen Männern verärgert nach, die nicht zur Theke kamen, um ihre Bestellung aufzugeben, sondern sich direkt zu drei jungen Männern setzten, die an einem der größeren Tische ein wenig abseits im Gastraum saßen. Er mochte es nicht, wenn in seinem Restaurant Geschäfte abgeschlossen wurden.

„Wie geht's?", fragte einer der Männer am Tisch die Neuankömmlinge. Er schob ein paar Papiere und leere Hamburgerverpackungen beiseite.

„Hassdu gefunden hier, Roman?"

Der Neuankömmling mit dem Hut brummte etwas in einer fremden Sprache und setzte sich schwerfällig auf einen der nahen Stühle, während der Mann mit der Goldkette sich am Nebentisch auf die Bank zwängte. Er sah noch einmal zu dem Mann mit dem Hut hinüber, ehe er meinte: „Du hast für uns, Fouad?"

„Willst du nix trinken, Roman?“, meinte Fouad mit einem Seitenblick auf den Angestellten des Restaurants, der hinter dem Tresen hervorgekommen war, und nun wie beiläufig den Platz um die Zapfanlage aufräumte.

Roman grinste. „Was geben hier? Cola?“ Er blickte Fouad herausfordernd an.

„Is unhöflich, weissdu.“, erwiderte Fouad ebenfalls grinsend: „Bissdu in Restaurant hier. Mussdu bestellen!“

Roman zuckte mit den Schultern und gab dem zweiten seiner Begleiter einen Wink. Dieser entfernte sich und ging zur Theke, um die gewünschte Bestellung aufzugeben.

Fouad grinste. Dann wandte er sich wieder an Roman: „Hassdu Geld?“

„Zeigen erst, was hast du“, erwiderte dieser gelassen.

Fouad gab einem seiner Begleiter einen Wink:

„Mounir. Gibsdu Roman Tasche.“

Der Angesprochene griff neben sich auf die Bank, holte eine kleine Tasche hervor und schob sie über den Tisch. Roman beugte sich vor und ergriff sie. Er legte sie vor sich auf den Nachbartisch, öffnete sie und holte ein paar Fahrzeugscheine hervor.

„BMW, BMW, Opel, Bugatti, Porsche, BMW ... nix Mercedes?“ Er sah Fouad überrascht an. „Iss nix Mercedes dabei?“

Fouad zog die Schultern hoch: „Mercedes? Wir bringen nach Maroc, weissdu? Mercedes is gut verkaufen in Maroc.“

Roman sah zu dem Mann mit Hut. Jener brummte etwas in einer Sprache, die nur seine Begleiter kannten. Für die Anderen war nur das Wort „Bugatti“ zu verstehen. Roman nickte und las weiter. Plötzlich blickte er auf:

„Volkswagen?“

„Is nät Volkswagen“, erwiderte Fouad empört. „Is Phätong!“

Roman ergriff einen der Fahrzeugscheine und schob ihn zu Fouad zurück. „Kein Volkswagen! Werden nix los.“

„Kein Volkswagen!“, wiederholte Fouad verärgert. „Is Phätong, weissdu. Kriegsdu viel Geld. Ich schwör's!“

„Kein Volkswagen!“ Der Ton in Romans Stimme war deutlich.

Fouad sah sein Gegenüber wütend an, während Mounir den Fahrzeugschein schulterzuckend in einer Tasche seiner Bomberjacke verschwinden ließ.

„Auch Bugatti is Volkswagen“, meinte Fouad trotzig. Doch dann sagte er wieder gelassen: „Was du willst, Roman.“

Der Mann in der Uniform des Schnellrestaurants war mittlerweile damit beschäftigt, den Wagen mit den leeren Tabletts aus der dafür vorgesehenen Nische in Richtung Küche zu bugsieren. Immer wieder ging sein Blick in die Ecke, in der die Fremden saßen. Hinter ihm war das sechste Mitglied der Gruppe damit beschäftigt, Cola aus der Zapfanlage in einen Pappbecher zu füllen. Er hatte ihm Platz gemacht. Aber er hatte ein ungutes Gefühl bei diesen Fremden. Hoffentlich blieb alles ruhig.

Der Mann mit der Cola ging zurück zu seinen Gefährten und reichte dem Mann mit dem Hut den vollen Becher. Dieser nickte und schaute zu Roman, der Fouad gerade die restlichen Fahrzeugpapiere hinüberschob.

„Die! Was du wollen dafür?"

Fouad grinste, ergriff eine Serviette, schrieb etwas darauf und schob sie seinem Gesprächspartner hinüber.

Roman schaute kurz auf das Papier und reichte es an den Mann mit dem Hut weiter, der ebenfalls einen Blick darauf warf. Er sprach ein paar Worte zu seinen Begleitern, und während Roman nickte, entfernte sich der dritte Mann und verließ die Gaststätte.

Der Mann in der Uniform des Schnellrestaurants beobachtete ihn. Das unbestimmte Gefühl ließ ihn nicht mehr los. Ohne die Gruppe aus den Augen zu lassen, kam er langsam vom Tresen zurück und holte ein Mobiltelefon hervor. Er überlegte noch, welche Nummer er wählen sollte, als der dicke Mann, der gerade hinausgegangen war, hereingestürmt kam. Wild gestikulierend lief er zum Tisch seiner Begleiter und schimpfte aufgeregt in ihrer Sprache.

Augenblicklich sprang der Mann mit dem Hut auf und brüllte Fouad und seine Freunde an. Auch Roman schob sich von der Bank und baute sich vor den Anderen auf. Fouad grinste, doch seine Gesichtszüge erstarrten, während sein Geschäftspartner auf ihn einbrüllte:

„Was das sollen? Versuchen uns einschüchtern? Was das sein für linke Tour?"

„Cool, Roman!"

Auch Fouad erhob sich. Seine beiden Begleiter folgten seinem Beispiel. Fouads Augen funkelten Roman an:

„Wasdu willst!"

„Was ich wolle?"

Romans Stimme schien sich plötzlich zu überschlagen:

„Was ich wolle? Nicht versuchen uns einschüchtern! Hexentricks nicht gutgehen!"

Der Mann in der Uniform des Schnellrestaurants beobachtete Fouad und seine Begleiter, die noch einen Moment unsicher herumstanden. Dann erwiderte ihr Wortführer: „Was soll Hexentricks? Sagssu Hexen? Kriegssu Ärger, ich schwör's!"

„Du wollen drohen?"

Auch Romans Augen funkelten. Der Mann in der Uniform des Schnellrestaurants wartete nicht länger. Während er eine kurze Nummer wählte, beobachtete er, wie die beiden Gruppen aufeinander losgingen. Eine ruhige, männliche Stimme meldete sich am anderen Ende der Leitung:

„Polizeipräsidium Offenbach."

„Kommen Sie schnell!", flüsterte der Mann. „Hier ist gerade eine wilde Schlägerei im Gange."

Er gab noch den Namen des Restaurants durch, ehe der Beamte am anderen Ende meinte: „Die Kollegen sind unterwegs. Halten Sie sich zurück."

Der Mann nahm das Mobiltelefon vom Ohr und schaltete es aus, während die Schlägerei bereits ausartete. Er beobachtete aus sicherer Entfernung, wie bald schon ein Polizeiwagen auf den Parkplatz rollte und quer hinter dem schwarz-grauen Mercedes stehen blieb. Durch die Scheiben hinter den Männern konnte er sehen, wie zwei Polizeibeamte ausstiegen und hereinkamen.

Mühevoll trennten die Beamten die Streithähne.

Sie waren noch damit beschäftigt, die Beteiligten voneinander fernzuhalten, als eine schwarzhaarige Frau in Jeans und schilffarbener Outdoor-Jacke den Gastraum betrat und auf die Beamten zuging. Sie zog einen Ausweis und zeigte ihn einem der Polizisten: „Kommissarin Durmaz", meinte sie und sah sich um. „Sind das die Streithähne?"

Der Uniformierte nickte.

„Was habt ihr sonst noch gefunden?"

Mit einer Kopfbewegung wies der Polizist auf den Tisch, an dem Fouad und seine Begleiter gesessen hatten. Sie ging hinüber, ergriff die Tasche und schaute hinein. Nach einem gedämpften „Oh!" schüttete sie ihren Inhalt auf die Tischplatte. Die Kraftfahrzeugpapiere, die gerade erst den Besitzer gewechselt hatten, vielen auf einen Haufen.

„Alles Papiere in Ordnung, Frau Kommissar!", versuchte Fouad einzulenken.

Durmaz nickte. „Klar! Einige der Kennzeichen kenne ich mittlerweile auswendig!"

Dann wandte sie sich an ihren Kollegen: „Ein Mannschaftstransporter ist unterwegs. Dann kommen alle Beteiligten mit ins Präsidium! Wir wollen doch einmal sehen, wie viele der Fahrzeuge gestohlen sind."

Während Fouad und seine Begleiter von dieser Feststellung nicht beeindruckt waren, erwiderte Roman:

„Gestohlen? Hat man versucht, uns zu betrügen, Frau Kommissarin. Haben wir nix zu tun mit ganzer Sache! Im Gegenteil! Haben uns gezwungen zu diesem Geschäft! Haben sie toten Vogel und schwarze Katze in unseren Wagen geworfen. Hexentricks! Wurden wir bedroht, Frau Kommissarin. Sind wir Opfer!“

„Was du willst, Roman? Haben wir nix zu tun mit toter Vogel! Haben wir ...“

Eine schnelle Handbewegung eines der Beamten ließ Fouad verstummen. Die Kommissarin schaute nachdenklich durch die Scheiben auf den Parkplatz.

„Ihr Wagen ist der verkehrswidrig abgestellte Mercedes?“

Roman nickte geknickt.

Ohne ein weiteres Wort verließ Durmaz das Schnellrestaurant und überquerte den Parkplatz. Sie ging zu dem Mercedes hinüber und schaute durch die Scheibe auf der Fahrerseite in den Innenraum. Als Erstes fielen ihr die aufgeschlitzten Ledersitze auf, die Rückenlehnen waren stellenweise regelrecht zerfetzt. Ohne Mühe konnte sie die Katze erkennen, die es sich unterhalb der Windschutzscheibe auf dem Armaturenbrett bequem gemacht hatte. Sie blinzelte die Kommissarin schläfrig an. Das Fenster auf der Beifahrerseite war noch immer heruntergekurbelt. Etwas später entdeckte sie auch den toten Spatz, der auf dem Fahrersitz lag. Im Fußraum leuchtete etwas Rechteckiges, Gelbes, das sie nicht erkennen konnte.

Nachdenklich blickte sie über den Parkplatz, bis sie den kleinen Jungen sah, der sie verschüchtert beobachtete. Sie lächelte und ging auf ihn zu.

„Du fütterst die Vögel?!“, meinte die Kommissarin freundlich.

Der Junge nickte.

„Weißt du was?! Hier hast du zwei Euro. Hol dir ein Eis und dann gehst du besser nach Hause, ehe die Kollegen von der Beweissicherung kommen ...“

Opferlämmer

© Harald Herrmann

Wie jeden Montagmorgen brummte der Kopf ein wenig, als sich Oberkommissar Johan Peter Hartmann, genannt Jope, in den Corsa seiner Frau setzte, um seinen Kollegen Pedro Sanchez von dessen Wohnwagen abzuholen. Da Pedros Erstwohnsitz immer noch bei seiner Mutter in Frankfurt/Main war, hatte man den Trailer neben der Maschinenhalle des Bauern Moll aufgebockt, versehen mit allen Segnungen der Zivilisation, inklusive Anschluss an die DSL-Anlage des Bauern, gebührenfrei wie auch Strom und Wasseranschluss, da der Bauer eine Flatrate hatte und als absoluter Fußballnarr dem besten Mittelstürmer der örtlichen Fußballmannschaft natürlich nichts in Rechnung stellte.

Wie nach dem weggedrückten Anruf vor einer Viertelstunde erwartet, stand ein Pkw neben dem Wohnwagen; und bei seinem Eintreffen ging auch gerade dessen Tür auf. Mit einem verlegenen Lächeln huschte Katrin, die Tochter des Sportvereinsvorsitzenden Meister zu ihrem Auto. Im nächsten Moment kam auch schon Pedro heraus und schwang sich mit einem fröhlichen:

„Gemosche, scho widder die Schrottkist?“ zu Jope ins Auto.

Der meinte nur: „Du bist doch das Letzte, Siehst aus wie ein Spanier, hast einen spanischen Namen, schleppst Frauen ab ohne Ende, awwer schwätze duus`de wie`n Frankforter.“

„Is ja gut, was kann ich dafür, dass sich mein Erzeuger nach zwoo Jahrn widder abgesetzt hat, un mich mit dem spanische Name Sanchez un dem spanische Pedro nach meiner Mutter Petra zurückgelasse hat im schrägste Viertel vo Frankfort?“

„Nachher im Dienst ...“

„Ja, ja, ich red’ dann Hochdeutsch und ihr babbelt Owerhessisch. Ach, Jope, wenn ich Dich so anseh, eins von den dreizehn Bierchen war wohl schlecht?“

So zog sich die Frotzelei eine Zeit hin, bis sie die acht Kilometer von Atzenhain nach Grünberg hinter sich gebracht hatten. Wie des Öfteren sagte dann einer von ihnen kurz vor der Kreisgrenze:

„Bin ja mal gespannt, wann uns wieder mal ein dienstgeiler Kollege aus Alsfeld anhält“, auf den Vorfall anspielend, als sie vor einem halben Jahr Opfer einer Fahndung nach einem roten Corsa gewesen waren und mit vorgehaltener Maschinenpistole sich einer Kontrolle inklusive Leibesvisitation unterziehen mussten, bis die Kollegen ihre Ausweise fanden und sich entschuldigten.

„Nee, nee, ich hab gehört, dass unsere Fotos in Originalgröße dort hängen und jeder Frischling darauf verwiesen wird!“

Zum Dienstbeginn lag nichts Dringendes vor. Sie wollten gerade losfahren, um die vorliegende Akten abzuarbeiten, als das Telefon klingelte. Pedro hörte nur: „Was, Schaffelle, drei Meter neben der Kreisgrenze, ach ja, unsere Seite, aber ist das nicht eine Sache des Veterinäramtes? – Ach so, könnte Schwarzschlachtung nach Diebstahl sein? – Na ja , wir kommen."

Sie machten sich auf den Weg zur Fundstelle der Schaffelle an der Landstraße von Laubach-Altenhain nach Mücke-Sellnrod. Jope informierte seinen Kollegen noch schnell, dass von dem Jagdpächter, der bzw. dessen Hund die Schaffelle aufgestöbert hatte, auch schon das Veterinäramt des Vogelsbergkreises informiert worden war. Die wollten in Absprache mit Gießen zwar über die Kreisgrenze hinweg herauskommen, die polizeilichen Ermittlungen wären aber deren Sache!

Am Fundort waren sowohl der Jagdpächter als auch der Veterinär schon da, und man besprach die Lage.

„Der Fundort ist auf keinen Fall der Tatort; nach meinen Erkenntnissen wurden die Tiere professionell geschlachtet, sauber abgezogen, aber dann unerklärlicherweise die Felle auf diese Art entsorgt, also 300 Euro weggeworfen."

Der Veterinär erklärte den beiden noch, wie er zu dieser Aussage kam und empfahl sich mit dem Hinweis, der Jagdpächter entsorge die Felle, wenn sie nicht mehr gebraucht würden.

Jope ließ sich nur noch seine Vermutung, dass es Rhöner Schwarzkopfschafe waren, bestätigen, schoss einige Fotos. Danach ging es zurück zur Dienststelle.

Auf der Rückfahrt wollte Pedro wissen, wo sein Kumpel die Kenntnisse über Schafe herhabe.

„Na ja", meinte Jope, „wie du weißt, komme ich aus Schlüchtern, der Stadt im Bergwinkel zwischen Vogelsberg, Rhön und Spessart. Und da sind noch sehr viele Schafherden unterwegs; und einer meiner Schulkollegen ist Schäfer mit sechshundert Tieren. Da habe ich oft ausgeholfen und mein Taschengeld aufgebessert."

„Und was sollte die Frage nach den Rhönschafen?"

„Dadurch ist mir bekannt, dass diese Schafe im Zug der Ausweisung der Rhön als Biosphärenreservat eigentlich nur dort gehalten werden dürfen. Letzte Woche, als ich meine Eltern besucht habe, war ich kurz bei meinem Kumpel auf dem Schafhof und habe erfahren, dass grade ein etwas alternativ gekleideter Schäfer zehn junge Rhönschafe zur Gründung einer Herde suchte und er sich in Kalbach zehn kastrierte junge Böckchen habe andrehen lassen. Tenor: Auf diesen Nachwuchs kann er lange warten! – Und jetzt liegen hier zehn Felle rum, ist schon seltsam."

„Du, die Katrin ist doch auf dem Veterinäramt in Gießen und hat mir heute morgen erzählt, der Frido Reif, der Selbstvermarkter, hatte einen Antrag gestellt, zehn Schafe nach islamischem Recht schächten zu dürfen. Die war auf hundertachtzig von wegen den armen Tieren bei vollem Bewusstsein die Hälse durchschneiden, und war sehr zufrieden, dass ihr Chef das abgelehnt hatte. Der Grund der Ablehnung: in Brachttal gibt es eine Schlachterei, die einmal im Jahr zum islamischen Opferfest, das jetzt grade ansteht, die Berechtigung hat, Schafe auf diese Art zu schlachten."

„Hab' ich auch mal gelesen, in einem kleinen Ortsteil, da ist dann die Hölle los, alles zugeparkt, ein ständiges Kommen und Gehen. Da möchte ich nicht dabei sein. Das haben sich auch einige Türken von hier gedacht und bei einigen Schäfern nachgefragt, das weiß ich von meinem Kumpel."

„Mensch, der Karl Friedrich Mayer, der altachtundsechziger Aussteiger, der Karlfried, der sich die Schafwolle selbst spinnt und Socken und Pullover davon strickt, das könnte doch der Käufer der zehn Rhönschafe gewesen sein. Und der lässt doch seine Tiere bei Frido schlachten, hmmm – irgendwas ist faul im Staate Dänemark – da fahren wir jetzt mal hin!"

Bei ihrem Eintreffen ging es dort schon richtig rund. Der oberste Kreisveterinär war zur Untersuchung der geschlachteten Schafe angereist, Pedros Katrin stand frierend dabei und instruierte die beiden, dass wegen des abgelehnten Ersuchens besonders genau geschaut würde, aber alles war in Ordnung. Die Tiere waren offensichtlich mit dem Bolzenschussgerät betäubt und dann korrekt geschlachtet worden. Frido und Karlfried zerlegten schon einige der zehn Tiere zur Weiterverarbeitung.

Während Pedro und Katrin still entschwunden waren, unterhielt sich Jope mit dem Veterinär. Der meinte nur:

„Scheint alles in Ordnung zu sein, dort hängen die zehn Schafe, ordnungsgemäß geschlachtet, im Abholbehälter zehn Heidschnuckenfelle, die Zählung bei Herrn Mayer stimmt ..."

„Bis auf die Tatsache", rief Jope, sich an die Stirn greifend, „dass da Rhönschafe hängen, aber angeblich Heidschnucken von Karlfried geschlachtet wurden, die sauber geschächtet in Töpfen und Pfannen von Muslimen brutzeln, während man uns hier hinters Licht führen will!"

Die beiden Übeltäter waren sofort geständig Nach der erledigten Schreibarbeit ging es zurück zur Dienststelle, dabei Mutmaßungen austauschend, was die beiden wohl für diese Aktion vom Gericht aufgebrummt bekämen. Man war der Meinung, fünf Tausender dürfte es schon sein.

„Denn", meinte Jope, „bei einer nicht genehmigten Schächtung habe ich von einem Strafmaß von zweitausendfünfhundert Euro gehört."

Kurz vor Dienstschluss kam ein Anruf von Jope´s Frau, das angesetzte Training für die zwei Buben falle wegen einer Schulveranstaltung aus; und da Pedro als Jugendtrainer heute frei habe, sei er herzlich eingeladen, Katrin sei auch da, und man wäre dabei, Schmierschelkuchen zu backen, auch als oberhessische Pizza bekannt.

Nachdem sich alle an der oberhessischen Spezialität sattgegessen hatten und bei einem Glas Wein saßen, meinte Ulrike, Jope´s Frau, scherzhaft:

„Na, Katrin, dein Sohn wird nicht einen solchen Namen bekommen, dass sowas wie Jope oder Karlfried rauskommt?"

Katrin saß auf der Couch, beide Hände flach auf dem Bauch und meinte nur:

„Nee, wird sowieso ein Mädchen!"

Während Pedro mit weit aufgerissenen Augen nur fassungslos zu ihr hinstarrte, konnte sich das Ehepaar Hartmann vor Lachen kaum halten.

Informationen zu den hier gelesenen
Autorinnen und Autoren auf

www.Buchverlag-Krefeld.de